プリント形式のリアル過去問で本番の臨場感！

岡山県

岡山理科大学附属中学校

2025年春受験用

解答集

本書は，実物をなるべくそのままに，プリント形式で年度ごとに収録しています。
問題用紙を教科別に分けて使うことができるので，本番さながらの演習ができます。

■ 収録内容

・解答集（この冊子です）

書籍ＩＤ番号，この問題集の使い方，最新年度実物データ，リアル過去問の活用，
解答例と解説，ご使用にあたってのお願い・ご注意，お問い合わせ

・2024（令和６）年度 ～ 2021（令和３）年度　学力検査問題

JN131734

○は収録あり	年度	'24	'23	'22	'21		
■ 問題※		○	○	○	○		
■ 解答用紙（適性は書き込み式）		○	○	○	○		
■ 配点							

算数に解説
があります

※推薦（基礎学力型）と一次（適性検査型・選択教科型）を収録（2022年度は推薦（基礎学力型）と一次（適性検査型）を収録，2021年度は適性検査型のみ収録）
注）国語問題文非掲載：2023年度選択教科型の問題文

問題文の非掲載につきまして

著作権上の都合により，本書に収録している過去入試問題の本文の一部を掲載しておりません。ご不便をおかけし，誠に申し訳ございません。

本文の一部を掲載できなかったことによる国語の演習不足を補うため，論説文および小説文の演習問題のダウンロード付録があります。弊社ウェブサイトから書籍ＩＤ番号を入力してご利用ください。

なお，問題の量，形式，難易度などの傾向が，実際の入試問題と一致しない場合があります。

教英出版

■　書籍ＩＤ番号

入試に役立つダウンロード付録や学校情報などを随時更新して掲載しています。
教英出版ウェブサイトの「ご購入者様のページ」画面で，書籍ＩＤ番号を入力してご利用ください。

書籍ＩＤ番号　110431

（有効期限：2025年9月30日まで）

【入試に役立つダウンロード付録】
「要点のまとめ（国語／算数）」
「課題作文演習」ほか

■　この問題集の使い方

年度ごとにプリント形式で収録しています。針を外して教科ごとに分けて使用します。①片側，②中央のどちらかでとじてありますので，下図を参考に，問題用紙と解答用紙に分けて準備をしましょう（解答用紙がない場合もあります）。

針を外すときは，けがをしないように十分注意してください。また，針を外すと紛失しやすくなりますので気をつけましょう。

①　片側でとじてあるもの

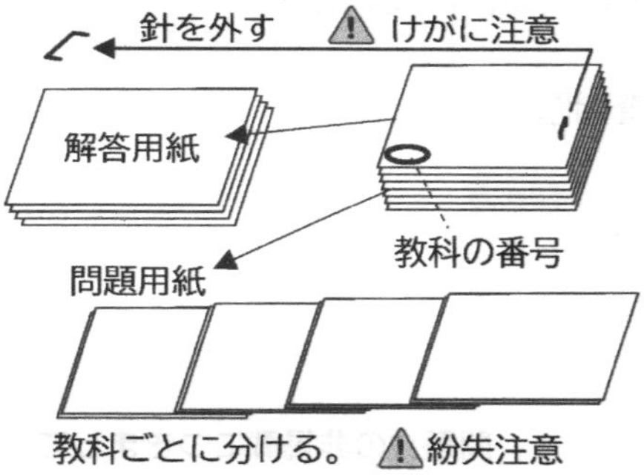

②　中央でとじてあるもの

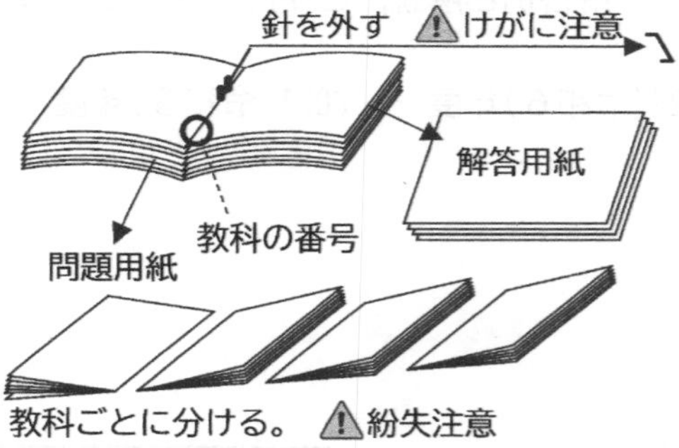

※教科数が上図と異なる場合があります。
解答用紙がない場合や，問題と一体になっている場合があります。
教科の番号は，教科ごとに分けるときの参考にしてください。

■　最新年度　実物データ

実物をなるべくそのままに編集していますが，収録の都合上，実際の試験問題とは異なる場合があります。実物のサイズ，様式は右表で確認してください。

問題用紙	Ｂ４片面プリント（適性検査型は書込み式） １次選択教科型国・理・社：Ａ４片面プリント
解答用紙	Ｂ４片面プリント １次選択教科型国・理・社：Ａ４片面プリント

リアル過去問の活用

～リアル過去問なら入試本番で力を発揮することができる～

本番を体験しよう！

問題用紙の形式（縦向き／横向き），問題の配置や余白など，実物に近い紙面構成なので本番の臨場感が味わえます。まずはパラパラとめくって眺めてみてください。「これが志望校の入試問題なんだ！」と思えば入試に向けて気持ちが高まることでしょう。

入試を知ろう！

同じ教科の過去数年分の問題紙面を並べて，見比べてみましょう。

① 問題の量

毎年同じ大問数か，年によって違うのか，また全体の問題量はどのくらいか知っておきましょう。どのくらいのスピードで解けば時間内に終わるのか，大問ひとつにかけられる時間を計算してみましょう。

② 出題分野

よく出題されている分野とそうでない分野を見つけましょう。同じような問題が過去にも出題されていることに気がつくはずです。

③ 出題順序

得意な分野が毎年同じ大問番号で出題されていると分かれば，本番で取りこぼさないように先回りして解答することができるでしょう。

④ 解答方法

記述式か選択式か（マークシートか），見ておきましょう。記述式なら，単位まで書く必要があるかどうか，文字数はどのくらいかなど，細かいところまでチェックしておきましょう。計算過程を書く必要があるかどうかも重要です。

⑤ 問題の難易度

必ず正解したい基本問題，条件や指示の読み間違いといったケアレスミスに気をつけたい問題，後回しにしたほうがいい問題などをチェックしておきましょう。

問題を解こう！

志望校の入試傾向をつかんだら，問題を何度も解いていきましょう。ほかにも問題文の独特な言いまわしや，その学校独自の答え方を発見できることもあるでしょう。オリンピックや環境問題など，話題になった出来事を毎年出題する学校だと分かれば，日頃のニュースの見かたも変わってきます。

こうして志望校の入試傾向を知り対策を立てることこそが，過去問を解く最大の理由なのです。

実力を知ろう！

過去問を解くにあたって，得点はそれほど重要ではありません。大切なのは，志望校の過去問演習を通して，苦手な教科，苦手な分野を知ることです。苦手な教科，分野が分かったら，教科書や参考書に戻って重点的に学習する時間をつくりましょう。今の自分の実力を知れば，入試本番までの勉強の道すじが見えてきます。

試験に慣れよう！

入試では時間配分も重要です。本番で時間が足りなくなってあわてないように，リアル過去問で実戦演習をして，時間配分や出題パターンに慣れておきましょう。教科ごとに気持ちを切り替える練習もしておきましょう。

心を整えよう！

入試は誰でも緊張するものです。入試前日になったら，演習をやり尽くしたリアル過去問の表紙を眺めてみましょう。問題の内容を見る必要はもうありません。どんな形式だったかな？受験番号や氏名はどこに書くのかな？…ほんの少し見ておくだけでも，志望校の入試に向けて心の準備が整うことでしょう。

そして入試本番では，見慣れた問題紙面が緊張した心を落ち着かせてくれるはずです。

※まれに入試形式を変更する学校もありますが，条件はほかの受験生も同じです。心を整えてあせらずに問題に取りかかりましょう。

岡山理科大学附属中学校

《基礎学力型　算数》

1　(1)40　(2)8.7　(3)$\frac{37}{60}$　(4)$\frac{5}{14}$　(5)$\frac{7}{9}$　(6)12123

2　(1)4488　(2)144　(3)2640　(4)60，72　(5)9.12

※式（考え方）は解説を参照してください。

《基礎学力型　国語》

問一．ⅰ．切る　ⅱ．ア．割る　イ．すべる　ウ．合う　問二．イ，エ　問三．a．ぶ　b．反映　c．なか　d．盛　問四．後攻の方が分がよさそうである　問五．X．ア　Y．イ　Z．イ　問六．い．イ　ろ．エ　は．ウ　問七．ウ　問八．あと少しで昇りつめるという所までくると、油断することが多いから。　問九．イ　問十．有終の美　問十一．ゆめこ…○　かなえ…×　のぞむ…×

《適性検査型　適性検査Ⅰ》

課題１　(1)56　※(2)241　(3)B

課題２　(1)記号…B　理由…Bの方がAよりも川の流れが速く，岸がけずられやすいため。　(2)記号…C　理由…空気は水よりも温度による体積変化が大きく，フラスコ内の空気（の体積）を増やすとあたためられた空気が膨張して水を押す力が大きくなるから。　(3)計算…グラフより，アイスクリームが凍る温度の－15℃以下になるのは氷100ｇに対して加えた食塩の量が17ｇ以上のときで，氷300ｇに対しては17×３＝51ｇの食塩が必要だとわかる。よって，51－30＝21ｇ加えたとき／21

課題３　(1)28　(2)下じき…310　ボールペン…410　※(3)12時２分／12時38分

※の説明は解説を参照してください。

《適性検査型　適性検査Ⅱ》

課題１　(1)主観・客観／乗車・下車／加速・減速／公用・私用　などから２つ　(2)誤った情報や悪意のある情報が多いから。　(3)A．できるだけ多くの情報を確認する　B．政治関係の理解度は世代間でほぼ差はないの　C．さまざまな情報があふれている社会の中でメディアリテラシーを通じて情報を正しく扱う

課題２　〈作文のポイント〉

・最初に自分の主張、立場を明確に決め、その内容に沿って書いていく。

・わかりやすい表現を心がける。自信のない表現や漢字は使わない。

さらにくわしい作文の書き方・作文例はこちら！→https://kyoei-syuppan.net/mobile/files/sakupo.html

課題３　(1)資料１の生産量と，資料２の新規就農者数のグラフが比例していることから，新しく農業を行う人が増えたことが理由で，生産量が増えたことがわかる。　(2)大八車の長所は，一人で多くの荷物を運べる点である。川舟の長所は，水路を使って広い範囲に荷物を運べる点である。　(3)（１）電車の本数…１時間あたりの，電車１本あたりの利用者数が一番少ないのは９～10時の７÷２＝3.5人である。この時間帯であれば運転手の都合にも合い，買い物に行く利用客もバスに乗り換えが可能である。したがって９～10時の電車を２本減らせばよい。

（２）他にできること…駅の近くに土地があることを生かし，その土地にスーパーやマンションなどを建てて，駅の利用者数を増やす。

《１次　選択教科型　国語》

問題１．①配布　②てがる　③きょうみ　④程度　⑤構築　　問題２．エ　　問題３．い．イ　ろ．ウ　は．ア　に．エ　　問題４．イ　　問題５．①　　問題６．ア　　問題７．X．イ　Y．エ　　問題８．新しい発想　　問題９．４　　問題 10．Ｃさん　　問題 11．ア．日常　イ．離れ　ウ．個人差　　問題 12．私は芥川龍之介の『鼻』という小説を読み、コンプレックスやれっ等感が人を生きづらくすることを知った。そこから自分自身のコンプレックスを連想し、気にするだけではなく、こく服することも考えようと思った。

《１次　選択教科型　算数》

1　(1)30　(2)3.04　(3)1　(4)$3\frac{4}{5}$　(5)$1\frac{1}{42}$　(6)2300

2　(1)87　(2)240　(3)9.42　(4)2070

3　(1)16　(2)80　(3)41

4　(1)12　(2)50　(3)ひろしさん…6.6　まなぶさん…5.4

5　(1)体積…25.12　表面積…50.24　(2)62.8　(3)60.52

《１次　選択教科型　理科》

1　(1)164　(2)とかした物のつぶが見えなくなり，液がすき通って見えるようになること。　(3)①固体　②液体　(4)11　(5)312

2　(1)食物連鎖　(2)バッタ　(3)ウ　(4)ア　(5)カエルがいなくなると，カエルに食べられていたバッタが増える。バッタが増えることでイネが減少する。イネが減少するとネズミが食べられるイネの量が減り，ネズミの数が減少する。

3　(1)①，②　(2)②，③　(3)ふりこの動きが速く１往復する時間を正確に測るのはむずかしいから。　(4)イ　(5)プールに入ることで，うき輪の中の空気が冷やされる。空気は温度が低下すると体積が減少する。このことによりうき輪は少ししぼむ。

4　(1)ア　(2)右図　(3)台風が進む方向と風の向きが同じになるから。　(4)1.2　(5)日食

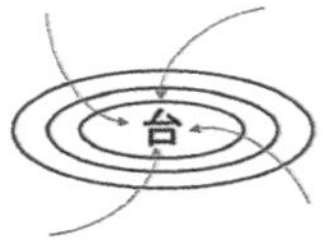

《１次　選択教科型　社会》

1　(1)A．ロシア　B．ハイブリッド　(2)②　(3)ア　(4)ウ　(5)天然ガス，石炭，石油等　(6)一度に大量の荷物を運ぶことができ，自動車より燃料を使わないから。

2　(1)ア　(2)記号…A　理由…広島市の冬の天気は晴天が多く，冬の降水量の多い松江市より日照時間が長いため。　(3)①平清盛　②ア　(4)①C　②B　(5)世界で初めて原子爆弾の被害を受けた

3　(1)保存しているコメがねずみなどに食べられないようにする工夫。　(2)エ　(3)ウ　(4)奉公　(5)元寇　(6)集団で戦っている。／火薬を使った武器で攻撃している。　(7)ウ

4　(1)０～14 才の割合が減って，65 才以上の割合がさらに高くなる　(2)市町村内に保育園を整備する。　(3)ウ　(4)①衆議院　②６年　(5)ＩＣＴ

《１次　選択教科型　作文》

《適性検査型　適性検査Ⅱ》課題２の〈作文のポイント〉参照。

2024 算数解説 令和６年度　岡山理科大学附属中学校

《基礎学力型》

1 (1)　与式＝４＋54－18＝**40**

(2)　与式＝1.5×5.8＝**8.7**

(3)　与式＝$\frac{40}{60}+\frac{45}{60}-\frac{48}{60}=\mathbf{\frac{37}{60}}$

(4)　与式＝$\frac{3}{5}\div\frac{7}{10}\times\frac{5}{12}=\frac{3}{5}\times\frac{10}{7}\times\frac{5}{12}=\mathbf{\frac{5}{14}}$

(5)　与式＝$\frac{8}{9}-(\frac{9}{27}-\frac{4}{27})\times\frac{6}{10}=\frac{8}{9}-\frac{5}{27}\times\frac{3}{5}=\frac{8}{9}-\frac{1}{9}=\mathbf{\frac{7}{9}}$

(6)　与式＝(2020＋３)×５＋(2020－３)×４－2020×３＝2020×５＋３×５＋2020×４－３×４－2020×３＝2020×(５＋４－３)＋３×(５－４)＝2020×６＋３×１＝12120＋３＝**12123**

2 (1)　９月の水道料金は，７月の(１＋0.1)×(１－0.15)＝1.1×0.85＝0.935(倍)だから，求める金額は，4800×0.935＝**4488**(円)である。

(2)　(４年生の人数)：(５年生の人数)＝９：５，(５年生の人数)：(６年生の人数)＝４：５より，５年生の比の数を５と４の最小公倍数の20に合わせると，(４年生の人数)：(５年生の人数)＝(９×４)：(５×４)＝36：20，(５年生の人数)：(６年生の人数)＝(４×５)：(５×５)＝20：25となる。
よって，(４年生の人数)：(６年生の人数)＝36：25だから，４年生の人数は，$100\times\frac{36}{25}$＝**144**(人)である。

(3)　２人が初めて出会うのは，２人が進んだ道のりの合計が池１周分の長さと等しくなるときである。

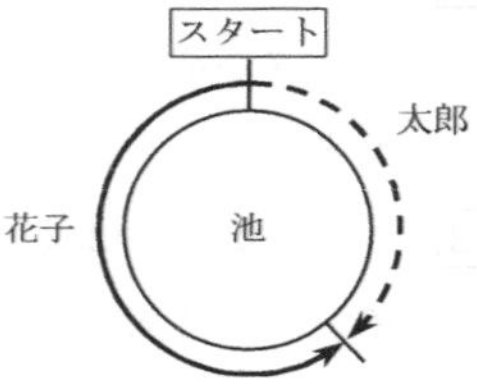

太郎さんの速さは，時速３km＝分速(３÷60×1000)m＝分速50mだから，２人が池のまわりを反対向きに進むと，１分間に合計50＋70＝120(m)だけ進む。
よって，池のまわりの長さは，120×22＝**2640**(m)である。

(4)　２つの整数の最大公約数が12だから，２つの整数はともに12の倍数である。

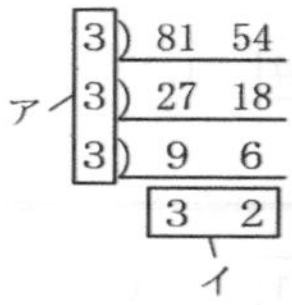

２つの整数の最大公約数を求めるときは，右の筆算のように割り切れる数で次々に割っていき，割った数(アの部分)をすべてかけあわせればよい。
２つの整数の最小公倍数を求めるときは，割った数(アの部分)と割られた結果残った数(イの部分)をすべてかけあわせればよい。

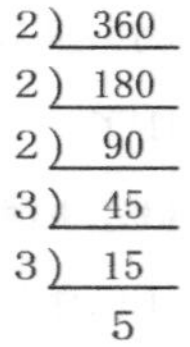

12＝２×２×３，360＝２×２×２×３×３×５だから，２つの２けたの数を同じ整数で割っていったとき，アの部分の積が12，イの部分の積が360÷12＝30になる。
したがって，２つの整数をそれぞれ12×○，12×△と表したとき，○×△＝30となる。
○×△＝30となる整数の組み合わせは，(１，30)，(２，15)，(３，10)，(５，６)の４通りあるが，２つの整数は２けたの数なので，○，△の組み合わせは(５，６)であり，求める整数は12×５＝**60**と12×６＝**72**である。

(5)　右の「葉っぱ型の図形の面積」を利用すると，アの部分の面積は正方形の１辺の長さを８÷２＝４(cm)とした場合の面積だから，４×４×0.57＝**9.12**(cm²)である。

葉っぱ型の図形の面積

右の斜線部分の面積は，
(円の$\frac{1}{4}$の面積)×２－(正方形の面積)＝
(１×１×3.14×$\frac{1}{4}$)×２－１×１＝0.57だから，

(葉っぱ型の面積)＝(正方形の面積)×0.57

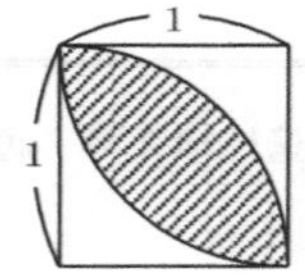

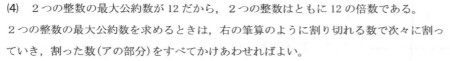

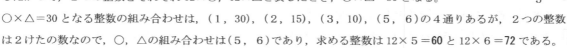

《適性検査型　適性検査Ⅰ》

課題1

(1)　花だんのまわりを 50 cm＝0.5mの間かくで区切っていくと，この間かくの数と同じ本数のチューリップを植えることができる。花だんのまわりの長さは，（8＋6）×2＝28(m)なので，植えるチューリップの本数は，28÷0.5＝56(本)である。

(2)　たての長さが6m，横の長さが8mの長方形の花だんに植えられる種の個数から，右下の切り取った正方形の部分に植えられる種の個数を引いて求める。ただし，右図の太線部分には，種が植えられないことに注意する。

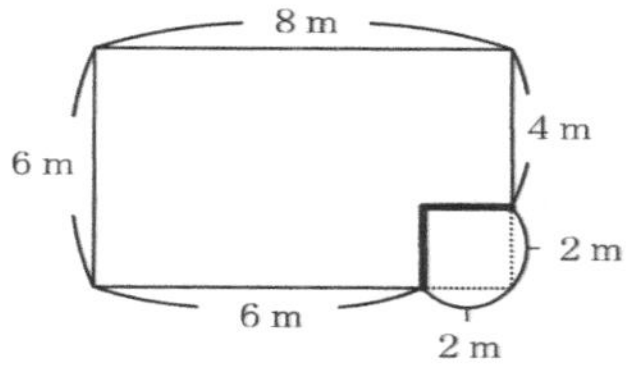

たての長さが6m，横の長さが8mの長方形の花だんには，40 cm＝0.4mより，たてに6÷0.4－1＝14(個)ずつ，横に8÷0.4－1＝19(個)ずつ種を植えることができる。

切り取った1辺2mの正方形の中，または太線部分に種を植えるとすると，2÷0.4＝5より，5×5＝25(個)植えられるから，花だんの中に植える種の個数は，14×19－25＝241(個)である。

課題3

(1)　昨年の人数は，25％＝0.25 より，720÷（1＋0.25)＝576(人)　　2年前の人数は，450 人だから，昨年の人数は2年前の 576÷450＝1.28(倍)なので，2年前よりも 1.28－1＝0.28→28(％)増えた。

(2)　720 人全員に下じきをわたすと，120×720＝86400(円)かかる。実際にかかった金額は 70000 円だから，その差は 86400－70000＝16400(円)である。下じき1枚をボールペン1本に置きかえると，120－80＝40(円)安くなるので，買ったボールペンは 16400÷40＝410(本)である。よって，買った下じきは 720－410＝310(枚)である。

(3)　2年前の理科実験教室にかかった時間の合計は，15 時 10 分－9時 30 分＝5時間 40 分である。今年は昼休みの時間を 40－4＝36(分)にするから，講座の時間の合計は 340－10×4－36＝264(分)であり，講座1つあたりの時間は 264÷6＝44(分)になる。よって，昼休みは9時 30 分の 44×3＋10×2＝152(分後)→2時間 32 分後の 12 時2分から始まり，さらにその 36 分後の 12 時 38 分に終わる。

《1次　選択教科型　算数》

1　(1)　与式＝8＋24－2＝32－2＝**30**

(3)　与式＝4÷4＝**1**

(4)　与式＝$1\frac{6}{10}+6\frac{1}{2}-4\frac{3}{10}=1\frac{6}{10}+6\frac{5}{10}-4\frac{3}{10}=\mathbf{3\frac{4}{5}}$

(5)　与式＝$\frac{7}{10}\times\frac{5}{3}-(1.2-0.8)\times\frac{5}{14}=\frac{7}{6}-0.4\times\frac{5}{14}=\frac{7}{6}-\frac{4}{10}\times\frac{5}{14}=\frac{7}{6}-\frac{1}{7}=\frac{43}{42}=\mathbf{1\frac{1}{42}}$

(6)　与式＝23×(102＋18－20)＝23×100＝**2300**

2　(1)　**【解き方】(平均点)×(教科数)＝(合計点)となる。**

国語と算数の合計点は 89×2＝178(点)，国語と理科の合計点は 91.5×2＝183(点)，算数と理科の合計点は 89.5×2＝179(点)である。よって，国語と算数と理科の合計点は(178＋183＋179)÷2＝270(点)なので，算数の点数は，270－183＝**87**(点)である。

(2)　**【解き方】1日目の残りは全体の$1-\frac{3}{8}=\frac{5}{8}$，2日目の残りは全体の$\frac{5}{8}\times(1-\frac{1}{5})=\frac{1}{2}$，3日目の残りは**

全体の$\frac{1}{2}$×(1－$\frac{1}{2}$)＝$\frac{1}{4}$である。

残った60ページが全体の$\frac{1}{4}$にあたるので，この本のページ数は60÷$\frac{1}{4}$＝**240**(ページ)である。

⑶　**【解き方】右のように記号をおく。角ＡＯＤ＝90°×$\frac{2}{3}$＝60°より，角ＤＡＯ＝180°－(90°＋60°)＝30°，∠ＢＯＤ＝90°×$\frac{1}{3}$＝30°，ＡＯ＝ＯＢだから，三角形ＡＯＤと三角形ＯＢＥは合同であり，面積が等しい。**

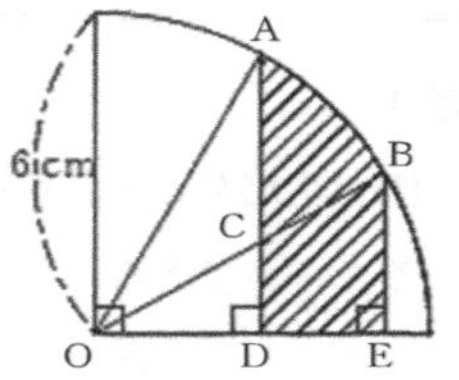

(三角形ＡＯＣの面積)＝(三角形ＡＯＤの面積)－(三角形ＣＯＤの面積)＝

(三角形ＯＢＥの面積)－(三角形ＣＯＤの面積)＝(四角形ＢＣＤＥの面積)

となるから，求める面積はおうぎ形ＯＡＢの面積に等しい。おうぎ形ＯＡＢの中心角は90°÷3＝30°なので，

6×6×3.14×$\frac{30°}{360°}$＝**9.42**(㎠)である。

⑷　**【解き方】1から10までの整数について，各位の数の積の和は1＋2＋…9＋1×0＝45，11から20までの整数について，各位の数の積の和は1×1＋1×2＋…＋1×9＋2×0＝45である。以降も同様に考える。**

10の倍数の各位の数の積の和はすべて0になるから，1から100までの100個の積の和は，

45＋1×(1＋2＋…＋9)＋2×(1＋2＋…＋9)＋…＋9×(1＋2＋…＋9)＝45＋(1＋2＋…＋9)×(1＋2＋…＋9)＝45＋45×45＝**2070**である。

$\boxed{3}$　⑴　**【解き方】1つのテーブルの上下に1つずつ，両端《りょうたん》に1つずつの丸椅子が置かれる。**

テーブルを7つ並べると，7つのテーブルの上下にそれぞれ1つずつ，両端に1つずつ，丸椅子が置かれるから，置かれている丸椅子の数は，2×7＋2＝**16**である。

⑵　**【解き方】⑴より，置かれている丸椅子の数は，テーブルの数の2倍よりも2だけ多い。**

丸椅子の個数は偶数になるので，161人が座れるとき，置かれる丸椅子の数は161＋1＝162となる。

よって，必要なテーブルの数は(162－2)÷2＝**80**

⑶　⑵と同様に，162の丸椅子を考える。テーブルの上下にそれぞれ160÷2＝80の丸椅子があればよい。テーブルのさかい目の数は{(テーブルの数)－1}だから，80÷2＝40より，40＋1＝**41**のテーブルがあればよい。

$\boxed{4}$　⑴　右の図のように整理する。Aで2人が出会ってからの1時間40分で，2人が走った道のりの合計は，往復の道のりに等しく，10×2＝20(km)である。

1時間40分＝$\frac{5}{3}$時間より，2人の速さの和は毎時20÷$\frac{5}{3}$＝**12**(km)

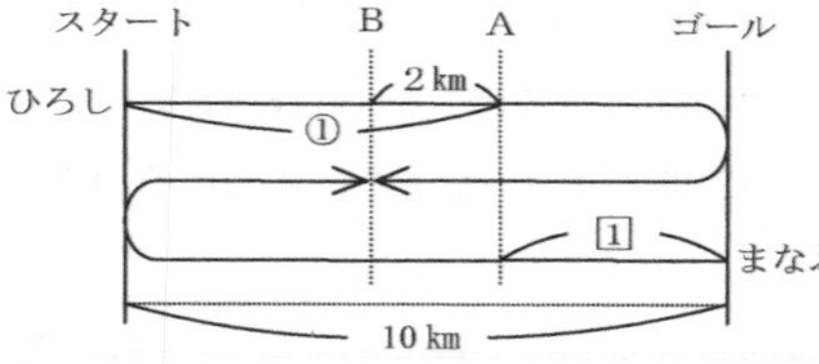

⑵　**【解き方】2人が最初に出会うまでに，2人が走った道のりの合計は，片道の道のりと等しい。**

進む速さが等しいとき，かかる時間の比は進んだ道のりの比に等しいから，1回目に出会うまでにかかった時間と，1回目に出会ってから2回目に出会うまでにかかった時間の比は1：2である。

1時間40分＝100分より，求める時間は100×$\frac{1}{2}$＝**50**(分)である。

⑶　**【解き方】⑴の図で，スタートからA地点までの道のりを①，A地点からゴールまでの道のりを$\boxed{1}$とすると，ひろしさんの進んだ道のりについて，①：($\boxed{1}$×2＋2)＝1：2である。**

①：($\boxed{2}$＋2)＝1：2より，①＝($\boxed{2}$＋2)÷2　　①＝$\boxed{1}$＋1だから，片道の道のりについて，

①＋$\boxed{1}$＝($\boxed{1}$＋1)＋$\boxed{1}$＝$\boxed{2}$＋1が10kmにあたる。よって，$\boxed{2}$＝10－1＝9より，$\boxed{1}$＝9÷2＝4.5

50分＝$\frac{5}{6}$時間だから，まなぶさんの速さは毎時4.5÷$\frac{5}{6}$＝**5.4**(km)である。

また，①＝$\boxed{1}$＋1＝4.5＋1＝5.5だから，ひろしさんの速さは毎時5.5÷$\frac{5}{6}$＝**6.6**(km)である。

5 ⑴ **【解き方】円柱の側面積は，（底面の円周の長さ）×（高さ）で求められることを利用する。**

図１の円柱の体積は，２×２×3.14×２＝**25.12**(㎤)である。

図１の円柱の底面積は２×２×3.14＝４×3.14(㎠)，側面積は２×２×3.14×２＝８×3.14(㎠)だから，

４×3.14＋８×3.14＝**50.24**(㎠)である。

⑵ **【解き方】２つの円柱を重ねても，上下から見た面積はそれぞれ図１の底面積と等しいから，求める表面積は，図１の表面積と図２の側面積を足した面積である。**

図２の側面積は，１×２×3.14×２＝４×3.14＝12.56(㎠)なので，⑴より，50.24＋12.56＝**62.8**(㎠)である。

⑶ **【解き方】求める表面積は，図３の表面積から図２の側面積の半分を引き，１辺の長さが２cmの正方形の面積を足した面積である。**

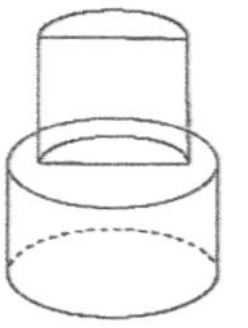

⑵より，図２の側面積は12.56(㎠)なので，求める面積は62.8−12.56÷２＋２×２＝**60.52**(㎠)である。

2023 解答例　岡山理科大学附属中学校【推薦】【1次】

令和5年度

《推薦　基礎学力型　算数》

1　(1)56　(2)0.54　(3)$\frac{21}{40}$　(4)0.056　(5)$\frac{5}{8}$　(6)$\frac{7}{108}$

2　(1)①28　②234　(2)320　(3)10　(4)57　(5)15

※式(考え方)は解説を参照してください。

《推薦　基礎学力型　国語》

問一．a．さっこん　b．届　c．単純　d．ちょうほう　問二．1．カ　2．ア　3．エ　問三．1．冊　2．首　3．筋　問四．ウ　問五．エ　問六．イ　問七．C　問八．苦しみが生んだ心の芸術　問九．本を読み、一つの人生を疑似体験すること。　問十．思考を深めることはできない　問十一．Ⅰ．ウ　Ⅱ．エ　問十二．ゆめこ…○　のぞむ…○　かなえ…×

《1次　適性検査型　適性検査Ⅰ》

課題1　(1)0.6　(2)0.4　※(3)3：4

課題2　(1)60　(2)62.8　※(3)つなげる円の数…13　まわりの長さ…188.4

課題3　(1)氷水の入ったトレー／入れ／結晶が多く出てき／ミョウバン〔別解〕氷水の入ったトレー／入れ／出てきた結晶が少なかっ／食塩　(2)標高 2000mの地点では気圧が1－0.01×20＝0.8 気圧になり，グラフより水は92℃でふっとうし，92℃以上にはならないので，米の中心まで熱が伝わりにくいため，芯の残った硬いごはんがたけたから。　(3)式…池にいるメダカの数を□とすると$\frac{27}{□}=\frac{3}{36}$　□＝36×9＝324　答え…324

※の説明は解説を参照してください。

《1次　適性検査型　適性検査Ⅱ》

課題1　(1)　彼はどんなときも全力投球だ。／私は百科事典で調べる。　(2)作品が読者の手元に渡ると、作者は作品解釈に一切介入できなくなるということ。　(3)(例文)できるだけ多くのサイトを調べるべきだと思います。一つのサイトだけを見ても、それが真実であるという保証はないからです。　(4)①無限に楽しめるもの／無限の遊び場である　などから1つ　②作者と作品は密接な関係があると考え、作者の周辺情報を調べたり、同じ作者の他の作品も参考にしたりしながら解釈をする。(下線部は文化／立ち位置／思想などでもよい)

課題2　〈作文のポイント〉

・最初に自分の主張、立場を明確に決め、その内容に沿って書いていく。

・わかりやすい表現を心がける。自信のない表現や漢字は使わない。

さらにくわしい作文の書き方・作文例はこちら！→https://kyoei-syuppan.net/mobile/files/sakupo.html

課題3　(1)コメの消費が減ってきたため，コメの価格を下げないために行った。／日本人の食生活が変わって，コメの消費が減少したから。などから1つ　(2)森林面積は変化していないのに，森林蓄積が増えているということは，木が大きく育っているということなので，林業で働く人によって間ばつが行われないと森林が荒れて環境にも悪影響が出る。　(3)説明…人が出したプラスチックなどのごみが，分解されずに海を汚染し，海洋の生態系に深刻な影響を与える問題。　案…買い物をしたときに，レジ袋をもらわないで，マイバックを持参する。／海岸や河川沿いの清掃活動を行う。などから1つ

《１次　選択教科型　国語》

1．①ぜんてい　②手術　③着目　④背景　⑤こうか　2．ア．④　イ．②　ウ．③　エ．①　3．イ　4．エ　5．ろ．イ　は．エ　に．ア　ほ．ウ　6．へ．エ　と．ウ　図…②　7．い．短　ろ．短　は．短　に．長　ほ．長　8．ウ　9．ウ　10．てきぱきと効率的に情報伝達を行う　11．(例文)「スマートフォン」という言葉は長いので、会話などでは「スマホ」と言うが、そのような短縮表現は正式な文章表現にはなじまないし、受け取る相手によっては通じないこともある。したがって、スムーズな言語コミュニケーションのためには場面に応じた語句の使い分けが必要だ。

《１次　選択教科型　算数》

1　(1)8　(2)17　(3)5.75　(4) $2\frac{1}{3}$

2　(1) $5\frac{2}{5}$　(2)250　(3)D　(4)6

3　(1) $\frac{1}{5}-\frac{1}{6}$　(2) $\frac{5}{14}$

4　(1)500　(2)4200

5　(1)B　(2)右図　(3)B，12.56

6　(1)440　(2)4　(3)4.5　(4)11：3

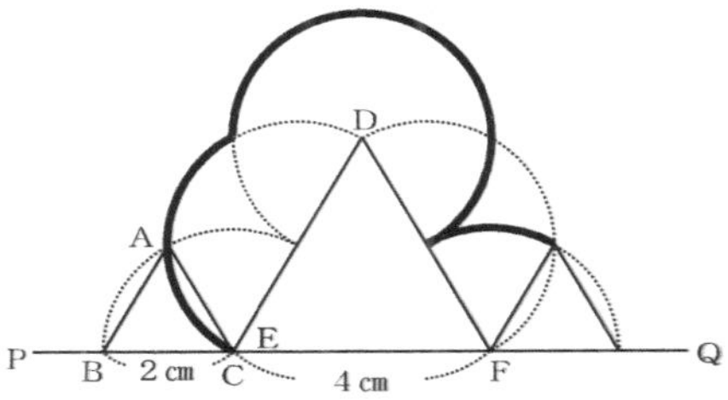

《１次　選択教科型　理科》

1　(1)A．カルシウム　B．ウ　(2)骨の内部が空どうになっており，軽くなっている。
(3)ヒト…二本足で歩く体を支えるため。　イヌ・ウマ…すばやく運動するため。　(4)A．ア　B．イ

2　(1)石油〔別解〕化石燃料　(2)A．水に入れる　B．グリセリンに入れる　(3)①エ　②ア
(4)名前…マイクロプラスチック　特徴…分解されにくい。　(5)プラスチックの使用を減らす。／プラスチックゴミを回収する。／プラスチックゴミのポイ捨て・不法投棄をしない。などから１つ

3　(1)雨がはねて，雨量計に入るのを防ぐため。　(2)10　(3)①イ　②ウ　(4)21　A．低く　B．高く　C．小さく　D．低く　(5)雨の日は，太陽からの熱が雲にさえぎられるため。

4　(1)銅…×　アルミニウム…×　(2)①イ　②ア　③イ　(3)イ　(4)①並列　②直列

《１次　選択教科型　社会》

1　(1)短くてこう配が大きいので，流速が速い。　(2)②濃尾　④石がきを築いて，周りの土地よりもゆかを高くする
(3)イ　(4)ウ　(5)ア　(6)ハザードマップ　(7)イ　(8)エ

2　(1)外国から輸送する原料をすぐに利用することができるから。　(2)エ　(3)東日本大震災で福島第一原子力発電所が事故を起こし，日本の全ての原子力発電所がいったん運転を停止したから。　(4)自動車は輸送量に比べてエネルギー消費量が他の輸送機関よりとても大きくなっているから。　(5)ア　(6)持続可能

3　(1)税金　(2)25才　(3)ウ　(4)ア．育児　イ．保育園　(5)平和主義　(6)もちこませない　(7)(例文)川の上流に発電用のダムを建設する計画が出された時，建設用地内に住んでいる人々が，別の場所に移り住む必要がある。

4　(1)①銅たく　②収かくされた作物を保存する上で，湿気や動物から守るため。　(2)①ア　②承久の乱　③能
④A．オ　B．イ　(3)江戸の屋しきに住まわされている大名の妻やむすめ

《１次　選択教科型　作文》

《１次　適性検査型　適性検査Ⅱ》課題２の〈作文のポイント〉参照。

2023 算数解説 令和５年度 ▶ 岡山理科大学附属中学校【推薦】

《基礎学力型》

1 (1) 与式＝36＋28－８＝**56**

(2) 与式＝0.34＋0.2＝**0.54**

(3) 与式$=\frac{30}{40}-\frac{24}{40}+\frac{15}{40}=$**$\frac{21}{40}$**

(4) 与式＝(0.28×0.2＋0.28×0.8)÷５＝{0.28×(0.2＋0.8)}÷５＝0.28÷５＝**0.056**

(5) 与式$=\frac{9}{4}\times\frac{8}{9}\times\frac{5}{16}=$**$\frac{5}{8}$**

(6) 与式$=(\frac{1}{2}+\frac{1}{3}-\frac{1}{4})\times\frac{1}{9}=(\frac{6}{12}+\frac{4}{12}-\frac{3}{12})\times\frac{1}{9}=\frac{7}{12}\times\frac{1}{9}=$**$\frac{7}{108}$**

2 (1)① 割引された金額は450－324＝126(円)である。よって，定価の$\frac{126}{450}\times100=$**28**(%)引きである。

② 定価の３割５分引きは，定価の１－0.35＝0.65(倍)である。よって，360×0.65＝**234**(円)である。

(2) **【解き方】２つのコップそれぞれに120ｇの水を入れているので，２つのコップの水の量の差は変わらない。よって，水を加える前後の比の数の差をそろえて考える。**

ＡとＢのコップにはじめに入っていた水の量の比は４：５，120ｇ入れた後は11：13だから，それぞれの比の数の差５－４＝１と13－11＝２の最小公倍数は２である。よって，２つの比の数の差をそろえると，はじめが(４×２)：(５×２)＝８：10，120ｇ入れた後が11：13となる。この２つの比の数の１は同じ量を表し，11－８＝３が120ｇにあたる。したがって，Ａのコップにははじめに$120\times\frac{8}{3}=$**320**(ｇ)の水が入っていた。

(3) **【解き方】つるかめ算を利用する。**

毎分60mで40分進むと，60×40＝2400(m)進む。よって，実際に進んだ道のりより2800－2400＝400(m)少ない。毎分60mで進んだ１分を毎分100mで進んだ１分におきかえると，進む道のりは100－60＝40(m)だけ増えるから，毎分100mで進んだ時間は400÷40＝**10**(分)である。

(4) **【解き方】１から100までの100個の整数のうち，３または７の倍数の個数を引いて考える。**

１から100までの整数で，３の倍数の個数は，100÷３＝33余り１より，33個，７の倍数の個数は100÷７＝14余り２より，14個ある。また，３の倍数でも７の倍数でもある整数，つまり３と７の最小公倍数21の倍数は，100÷21＝４余り16より，４個ある。よって，３または７の倍数は，33＋14－４＝43(個)あるから，３でも７でも割り切れない数は，100－43＝**57**(個)

(5) **【解き方】右図のように２つの色つき部分の面積をＡとＢとする。このとき，Ａの面積は$a\times(8-3)\div2=\frac{5}{2}\times a$(㎠)，Ｂの面積は$\frac{5}{2}\times b$(㎠)と表せる。**

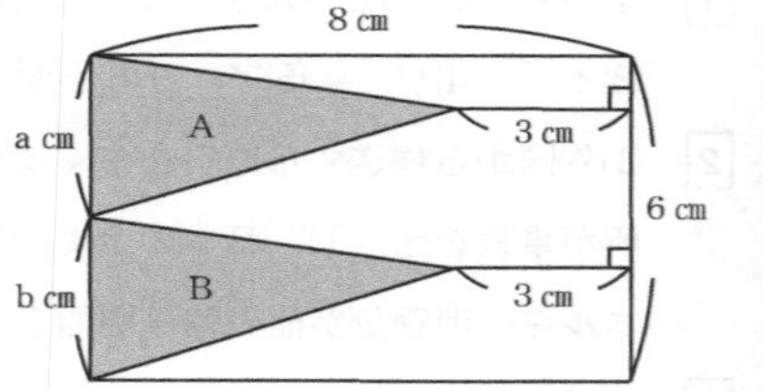

求める面積は図のＡ＋Ｂだから，$\frac{5}{2}\times a+\frac{5}{2}\times b=\frac{5}{2}\times(a+b)=\frac{5}{2}\times6=$**15**(㎠)である。

《適性検査型　適性検査Ⅰ》

課題１

(1)　２つの町の公園を合わせた面積は，２つの町を合わせた面積の$\frac{1}{4}$だから，$6\times\frac{1}{4}=1.5$(㎢)である。このうち，$\frac{3}{5}$が太郎さんの住んでいるみどり町の公園の面積だから，あおい町の公園の面積は$1.5\times(1-\frac{3}{5})=1.5\times\frac{2}{5}=0.6$(㎢)である。

(2)　みどり町の道路の面積はあおい町の公園の面積と等しいから，0.6㎢である。みどり町とあおい町の道路の面積の比は６：７だから，あおい町の道路の面積は$0.6\times\frac{7}{6}=0.7$(㎢)である。よって，２つの町の公園と道路を合わせた面積は$1.5+0.6+0.7=2.8$(㎢)だから，２つの町の住宅地と商店街を合わせた面積は$6-2.8=3.2$(㎢)である。２つの町の住宅地と商店街の面積の比は７：１だから，２つの町の商店街の面積は$3.2\times\frac{1}{7+1}=0.4$(㎢)

(3)　ここまででわかったことをまとめると右表のようになる。

	住宅地	道路	公園	商店街
みどり町 (太郎さん)		0.6㎢		
あおい町 (花子さん)		0.7㎢	0.6㎢	
計		1.3㎢	1.5㎢	0.4㎢

あおい町の面積は$6\times\frac{8}{15}=3.2$(㎢)だから，みどり町の住宅地の面積は，$3.2-6\times\frac{1}{3}=1.2$(㎢)である。
あおい町の商店街の面積はみどり町の道路の面積の$\frac{1}{2}$倍だから，$0.6\times\frac{1}{2}=0.3$(㎢)である。したがって，あおい町の住宅地の面積は，$3.2-0.7-0.6-0.3=1.6$(㎢)である。よって，みどり町とあおい町の住宅地の面積の比は，$1.2:1.6=3:4$である。

課題２

図 i

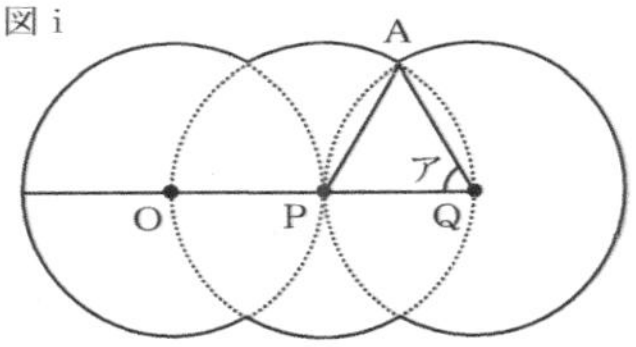

図 ii

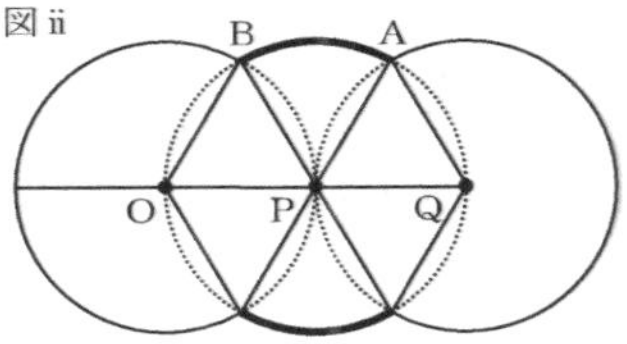

(1)　図 i のように補助線ＡＰを引くと，ＡＰ，ＰＱ，ＱＡはいずれも円の半径だから長さが等しい。よって，三角形ＡＰＱは正三角形だから，角ア＝60°である。

(2)　図 i からさらに補助線を引き，図 ii のような図形を作る。このとき，三角形ＡＰＱと三角形ＢＯＰは合同だから，角ＢＰＡ$=180^\circ-60^\circ\times2=60^\circ$である。よって，太線部分の長さは，直径12㎝の円周の$\frac{60^\circ}{360^\circ}=\frac{1}{6}$が２つ分である。太線部分以外のまわりの長さは，直径12㎝の円周の$\frac{360^\circ-60^\circ\times2}{360^\circ}=\frac{240^\circ}{360^\circ}=\frac{2}{3}$が２つ分である。よって，求める長さは$12\times3.14\times\frac{1}{6}\times2+12\times3.14\times\frac{2}{3}\times2=(4+16)\times3.14=62.8$(㎝)である。

(3)　円を１個つなげるごとに，まわりの長さは$12\times3.14\times\frac{1}{6}\times2=12.56$(㎝)ずつ長くなる。円１個の周りの長さは$12\times3.14=37.68$(㎝)なので，2m＝200㎝をこえないようにするには，$(200-37.68)\div12.56=12.9\cdots$より，１個目の円にさらに12個の円をつなげればよい。よって，つなげる円の数は$1+12=13$(個)である。このとき，まわりの長さは$37.68+12.56\times12=188.4$(㎝)である。

1 (1) 与式$=14\div(9-6\div3)\times4=14\div7\times4=2\times4=$**8**

(2) 与式$=6+12-1=$**17**

(3) 与式$=4.55+\{6.3-(4+1.1)\}=4.55+(6.3-5.1)=4.55+1.2=$**5.75**

(4) 与式$=\frac{5}{4}\div\{\frac{1}{3}\div(\frac{3}{9}-\frac{1}{9})\}+\frac{3}{2}=\frac{5}{4}\div(\frac{1}{3}\times\frac{9}{2})+\frac{3}{2}=\frac{5}{4}\times\frac{2}{3}+\frac{3}{2}=\frac{5}{6}+\frac{9}{6}=\frac{14}{6}=$**$2\frac{1}{3}$**

2 (1) **【解き方】同じ道のりを歩く速さは，かかる時間と反比例することを利用する。**

時速$4\frac{1}{2}$kmで歩くと6時間かかる道のりを5時間で歩くとき，かかる時間は$\frac{5}{6}$倍になるから，歩く速さは$\frac{6}{5}$倍になる。よって，求める速さは，$4\frac{1}{2}\times\frac{6}{5}=\frac{9}{2}\times\frac{6}{5}=\frac{27}{5}=5\frac{2}{5}$より，時速**$5\frac{2}{5}$**kmである。

(2) **【解き方】(利益)＝(売り値)－(仕入れ値)で求める。**

定価は$4000\times(1+0.25)=5000$(円)だから，定価の15％引きは$5000\times(1-0.15)=4250$(円)となる。よって，利益は$4250-4000=$**250**(円)である。

(3) **【解き方】パンフレットに書かれたガソリンの使用量はすべて5の倍数なので，4台の車がガソリン5Lで何km走るかを求める。**

自動車Aはガソリン35Lで770km走るから，$35\div5=7$より，5Lで$770\div7=110$(km)走る。

自動車Bはガソリン40Lで850km走るから，$40\div5=8$より，5Lで$850\div8=106.25$(km)走る。

自動車Cはガソリン20Lで450km走るから，$20\div5=4$より，5Lで$450\div4=112.5$(km)走る。

自動車Dはガソリン25Lで600km走るから，$25\div5=5$より，5Lで$600\div5=120$(km)走る。

以上より，一定量のガソリンで一番遠くまで走れるのは自動車**D**である。

(4) Aさんが第3走者のとき，第1走者の決め方は3人から1人決めるから3通りある。第2走者はその3通りそれぞれに対し2通り，第3走者はさらに1通りとなるから，全部で$3\times2\times1=$**6**(通り)ある。

3 (1) **【解き方】30を連続する2つの整数の積で表すと5×6である。**

$30=5\times6$より，$\frac{1}{30}=$**$\frac{1}{5}$**$-$**$\frac{1}{6}$**である。

(2) 与式$=\frac{1}{2\times3}+\frac{1}{3\times4}+\frac{1}{4\times5}+\frac{1}{5\times6}+\frac{1}{6\times7}=(\frac{1}{2}-\frac{1}{3})+(\frac{1}{3}-\frac{1}{4})+(\frac{1}{4}-\frac{1}{5})+(\frac{1}{5}-\frac{1}{6})+(\frac{1}{6}-\frac{1}{7})=\frac{1}{2}-\frac{1}{7}=\frac{7}{14}-\frac{2}{14}=$**$\frac{5}{14}$**

4 (1) **【解き方】持っていたお金の$\frac{1}{7}$を使った残りはもとの金額の$\frac{6}{7}$になる。同様に，$\frac{1}{6}$を使うと$\frac{5}{6}$，$\frac{4}{5}$，…となっていく。**

最後に残った金額は，$3500\times\frac{6}{7}\times\frac{5}{6}\times\frac{4}{5}\times\frac{3}{4}\times\frac{2}{3}\times\frac{1}{2}=3500\times\frac{1}{7}=$**500**(円)である。

(2) もとの金額の$\frac{1}{7}$が600円だから，はじめに持っていた金額は$600\div\frac{1}{7}=$**4200**(円)である。

5 (1) 正三角形ABCは最初の3回の移動では，図1のように移動する。よって，頂点Dと重なるのは頂点**B**である。

図1

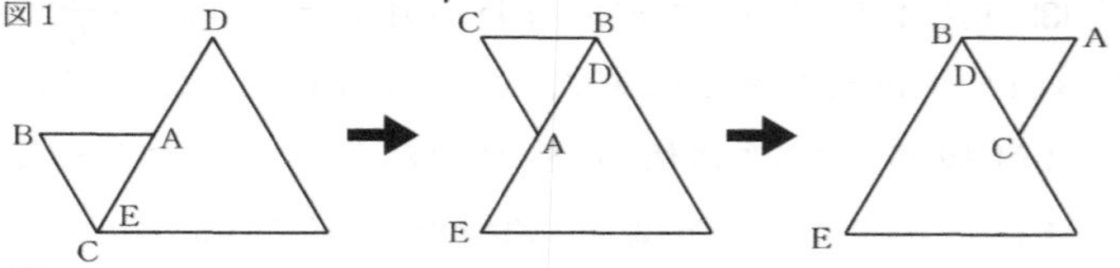

図2

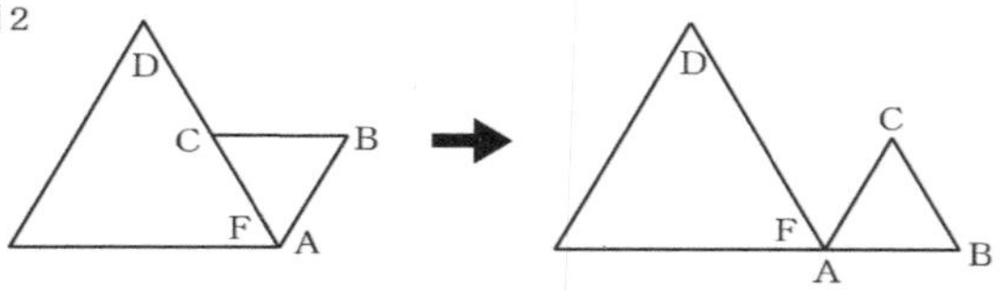

(2) 図1からさらに移動が終わるまで正三角形ABCを移動させると図2のようになり，全部で5回移動する。このうち，1回目と4回目の移動ではCは動かない。2回目ではA，3回目ではB，5回目ではAを回転の中心として移動をする。

(3)　**【解き方】Ａ，Ｂ，Ｃの動いたあとはそれぞれ図３，図４，図５の太線部分のようになる。**

図３

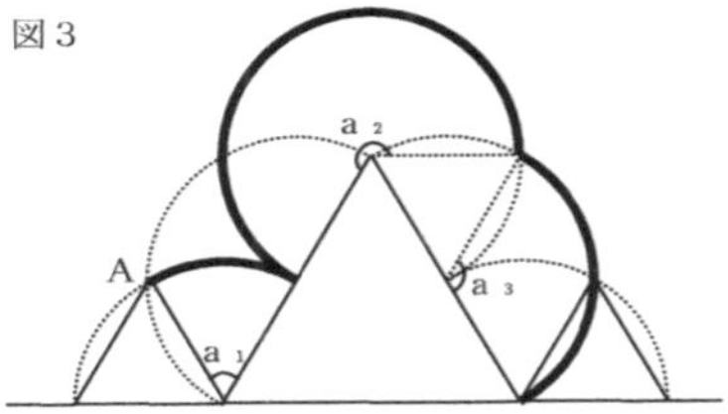

図４

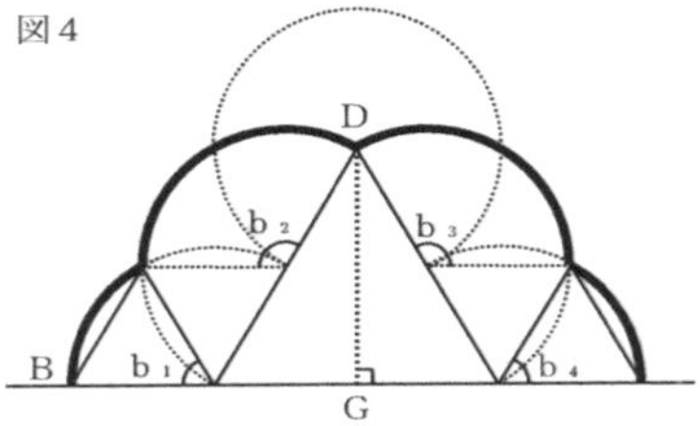

図５

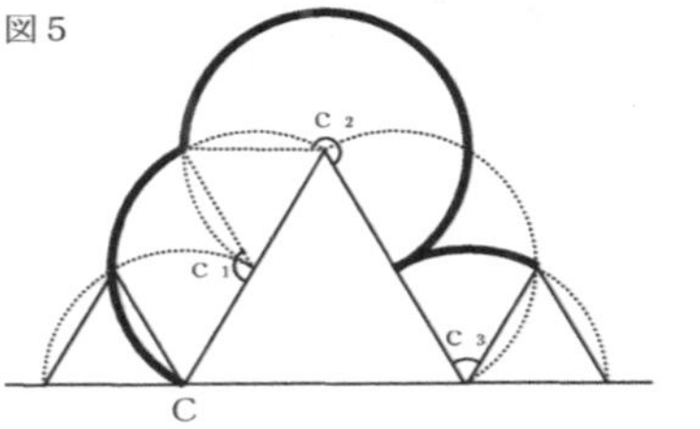

図３，図４，図５の太線部分はすべて半径２㎝の円周の一部である。よって，それぞれの図に記した角度の合計が最も小さいものが，動いたあとが最も短い頂点である。

図３について，$a_1=60°$，$a_2=360°-60°\times 2=240°$，$a_3=180°-60°=120°$より，$a_1+a_2+a_3=420°$

図４について，直線ＤＧについて線対称だから，$b_1=b_4=60°$，$b_2=b_3=180°-60°=120°$

よって，$b_1+b_2+b_3+b_4=360°$

図５について，Ｃがえがく曲線はＡがえがく曲線と線対称である。よって，$c_1+c_2+c_3=420°$

以上より，動いたあとが最も短い頂点は**Ｂ**である。また，動いた長さは，$2\times 2\times 3.14\times\frac{360°}{360°}=$**12.56**(㎝)

6　**【解き方】切断する前の直方体の面のうち，台形ＤＨＧＣと同じ面を右図のように補って考える。**

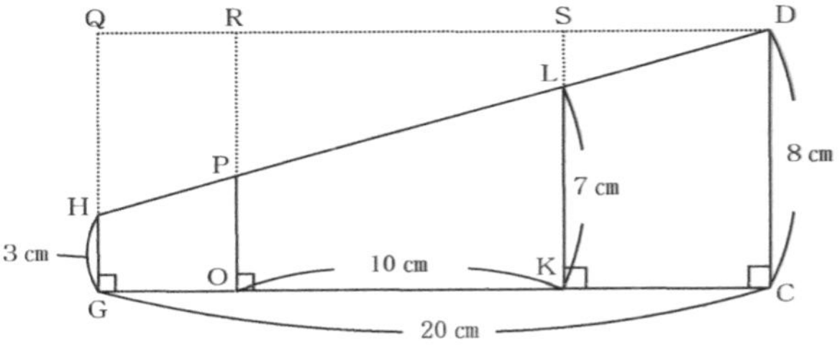

(1)　台形ＤＨＧＣの面積は$(3+8)\times 20\div 2=$110(㎠)である。よって，求める体積は

$110\times 4=$**440**(㎤)

(2)　**【解き方】ＫＣ＝ＤＳより，ＤＳの長さを求める。ＳＬとＱＨは平行だから，三角形ＤＳＬと三角形ＤＱＨは形が同じで大きさが異なる三角形である。**

$ＳＬ=8-7=1$(㎝)，$ＱＨ=8-3=5$(㎝)だから，三角形ＤＳＬと三角形ＤＱＨの辺の長さの比は１：５である。よって，$ＫＣ=ＤＳ=ＤＱ\times\frac{1}{5}=20\times\frac{1}{5}=$**4**(㎝)

(3)　(2)の解説をふまえる。$ＤＲ=10+4=14$(㎝)であり，三角形ＤＲＰと三角形ＤＱＨは形が同じで大きさが異なる三角形だから，$ＲＰ=ＱＨ\times\frac{14}{20}=5\times\frac{14}{20}=\frac{7}{2}=3.5$(㎝)である。よって，$ＰＯ=8-3.5=$**4.5**(㎝)

(4)　**【解き方】四角柱ＡＢＣＤ－ＥＦＧＨと四角柱ＡＢＣＤ－ＩＪＫＬは底面をそれぞれ台形ＤＨＧＣ，台形ＤＬＫＣとしたときの高さが等しい。よって，２つの立体の体積の比は，台形ＤＨＧＣと台形ＤＬＫＣの面積の比と等しいことを利用する。**

台形ＤＬＫＣの面積は，$(7+8)\times 4\div 2=30$(㎠)である。よって，求める体積の比は，$110:30=$**11：3**

2022 解答例 令和４年度　岡山理科大学附属中学校

《基礎学力型　算数》

1　(1)50　(2)114.4　(3)$\frac{19}{30}$　(4)15.7　(5)8　(6)6

2　(1)5：12　(2)910　(3)4.8　(4)459　(5)①25.12　②29.12

※式(考え方)は解説を参照してください。

《基礎学力型　国語》

問一．1．曲　3．話題　7．意外　8．てんねん　問二．①ウ　②ア　③イ　問三．①(不)安／(不)定 などから１つ　②(無)関心／(無)情 などから１つ　③(非)情　④(否)認／(否)決 などから１つ　問四．荒海にそそり立つ絶海の孤島と同じ　問五．間違っている場所…近ずかない　正しい書き方…近づかない　問六．ア，オ　問七．イ　問八．エ　問九．主語…ツバメが　述語…少なくなった　問十．(例文)アイガモのひなを水田に放し飼いにするアイガモ農法は、望ましい自然保護、自然との共生の一つだと考える。　問十一．豊富な食べ物がたやすく手にはいる

《適性検査型　適性検査Ｉ》

課題１　(1)2970　(2)30　※(3)B

課題２　(1)158　(2)7.5　※(3)3

課題３　[植物／理由]　①[ポプラ／どんな気温・湿度でも，他の４種類の植物に比べ，蒸散量が大きく，気温を下げる効果が大きいと考えられるから。]　②[スダジイ／ポプラ・スダジイ以外の植物は湿度が高くなると蒸散量が大幅に減るが，スダジイは高湿度でも蒸散量が比較的大きいから。また，高温になっても蒸散量が下がらず，気温を下げる効果が大きいと考えられるから。]　(2)土砂の流出を防ぐため，森林の保全を行う。／砂防ダムを建設する。などから１つ　(3)右図

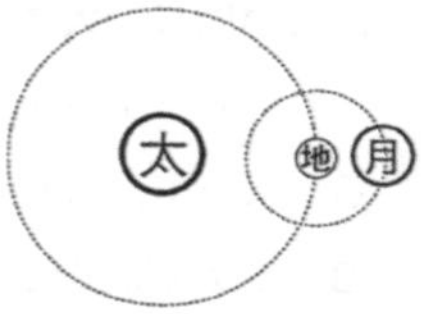

※の説明は解説を参照してください。

《適性検査型　適性検査Ⅱ》

課題１　(1)(例文)ガソリン車に比べて二酸化炭素排出量が少ないハイブリッドカーは環境に優しい。／新型コロナウイルス感染症対策のため，授業は教室とオンラインでのハイブリッドで実施された。　(2)個人の損得を判断して行動する個人主義的な考え方のために、協調性を大事にして周囲に合わせる集団主義を取るという性質。(下線部はものでもよい)　(3)みんなはもう飛び込みましたよ。〔別解〕飛び込んでいないのはあなただけですよ。　(4)現状を打破しようと勇気をもって最初に行動する人がいなければ、悪しき習慣から日本人は今後も抜け出せないままだということ。

課題２　〈作文のポイント〉

- 最初に自分の主張、立場を明確に決め、その内容に沿って書いていく。
- わかりやすい表現を心がける。自信のない表現や漢字は使わない。

さらにくわしい作文の書き方・作文例はこちら！→https://kyoei-syuppan.net/mobile/files/sakupo.html

課題３　⑴（例文）2010 年から 2015 年と比較して，2015 年から 2020 年が増加した地域は，東京・神奈川・埼玉・千葉・福岡である。福岡を除く地域は関東地方なので，首都圏に人口が集中している。これは，公的機関や企業が関東に集中しているからである。　⑵（例文）人口減少が進むと，税金を納める人が減るため，税収が少なくなってしまう。そのため，地方公共団体の財政が厳しくなり，公共サービスが低下する。　⑶（例文１）お年寄りや子どもたち，障がいを持った人たちが暮らしやすいまちにするため，公共施設などは段差をなくすなどのユニバーサルデザインを意識したまちづくりをしていく。　（例文２）災害に強いまちづくりを意識して，避難経路をバリアフリーにしたり，手すりを付けたりして，お年寄りや障がいを持った人が安全に逃げられるようにする。

2022 算数解説 令和4年度 岡山理科大学附属中学校

《基礎学力型》

1 (1) 与式＝48－16＋18＝48＋2＝50

(2) 与式＝(17.16×100)÷(0.15×100)＝1716÷15＝114.4

(3) 与式＝$\frac{2}{3}+\frac{1}{6}-\frac{1}{5}=\frac{20}{30}+\frac{5}{30}-\frac{6}{30}=\frac{19}{30}$

(4) 与式＝$(3.14\times10\times0.2+1.57\times2\times8)\times\frac{1}{2}=(3.14\times2+3.14\times8)\times\frac{1}{2}=3.14\times(2+8)\times\frac{1}{2}=$ $3.14\times10\times\frac{1}{2}=3.14\times5=15.7$

(5) 与式＝$\frac{10}{3}\times9\times\frac{4}{15}=8$

(6) 与式＝(11－10)＋(9－8)＋(7－6)＋(5－4)＋(3－2)＋1＝1＋1＋1＋1＋1＋1＝6

2 (1) 現在のお父さんの年れいは，$12\times\frac{10}{3}=40$(さい)

まなぶさんが20さいになるのは，20－12＝8(年後)だから，このときお父さんの年れいは，40＋8＝48(さい)

よって，求める年れいの比は，20：48＝5：12

(2) **【解き方】(定価)＝(仕入れ値)＋(利益)で求められる。**

値引き前の利益は60＋150＝210(円)で，これが仕入れ値の値段の3割だから，仕入れ値は，$210\div\frac{3}{10}=700$(円)

よって，定価は，700＋210＝910(円)

(3) **【解き方】(往復の道のり)÷(往復でかかった時間)で求める。**

往復の道のりは，12×2＝24(km)

行きは12÷6＝2(時間)，帰りは12÷4＝3(時間)かかったから，往復でかかった時間は，2＋3＝5(時間)

よって，求める速さは，時速(24÷5)km＝時速4.8km

(6＋4)÷2＝5より，平均の速さを時速5kmと考えるのはよくある間違いなので，気を付けよう。

(4) **【解き方】(645から2021までの整数の個数)－(2または3で割り切れる整数の個数)で求める。**
また，2と3の最小公倍数は6だから，(2または3で割り切れる数の個数)＝(2の倍数の個数)＋(3の倍数の個数)－(6の倍数の個数)で求められる。

645から2021までの整数の個数は，2021－645＋1＝1377(個)

1から2021までの数で，2で割り切れる数は，2021÷2＝1010余り1より，1010個ある。3で割り切れる数は，2021÷3＝673余り2より，673個ある。6で割り切れる数は，2021÷6＝336余り5より，336個ある。したがって，1から2021までの数で，2または3で割り切れる数は1010＋673－336＝1347(個)ある。

1から644までの数についても同様に考えると，644÷2＝322　644÷3＝214余り2　644÷6＝107余り2

したがって，2または3で割り切れる数は322＋214－107＝429(個)ある。よって，645から2021までの整数で，2または3で割り切れる数の個数は1347－429＝918(個)だから，求める個数は，1377－918＝459(個)

(5)① 求める面積は，半径が(6＋4)÷2＝5(cm)の半円の面積から，半径が6÷2＝3(cm)の半円の面積をひけばよいので，5×5×3.14÷2－3×3×3.14÷2＝(25－9)×3.14÷2＝25.12(cm^2)

② 求める周りの長さは，直径が6＋4＝10(cm)の半円の曲線部分の長さと，直径が6cmの半円の曲線部分の長さと，4cmの直線の長さの和だから，10×3.14÷2＋6×3.14÷2＋4＝(10＋6)×3.14÷2＋4＝29.12(cm)

《適性検査型　適性検査Ⅰ》

課題１

⑴　花子さんが持っているお金を100とすると，太郎さんが持っているお金は100×0.65＝65，２人の持っているお金の合計金額《きんがく》は100＋65＝165と表せる。花子さんが持っているお金の半分は100÷２＝50だから，65−50＝15が270円にあたる。よって，求める金額は，$270\times\frac{165}{15}$＝2970(円)

⑵　ある交差点への行き方の数は，その交差点の左側の交差点までの行き方の数と，その交差点の下側の交差点までの行き方の数の和に等しくなる。

★のお店に寄り，×の道路を通らないことに気を付けると，それぞれの交差点への行き方の数は右図のようになるから，ケーキ屋への行き方は30通りある。

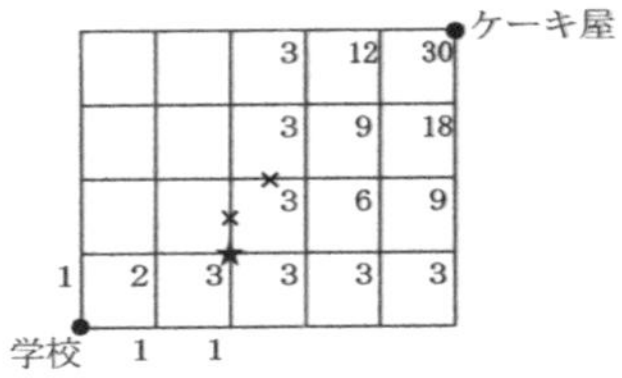

⑶　１円あたりで食べられる量を比べる。

Ａの半径は28÷２＝14(㎝)，Ｂの半径は36÷２＝18(㎝)だから，Ａの体積は14×14×3.14×９＝1764×3.14(㎤)，Ｂの体積は18×18×3.14×７＝2268×3.14(㎤)である。

よって，１円あたりで食べられる量は，Ａが1764×3.14÷2000＝0.882×3.14(㎤)，Ｂが2268×3.14÷2400＝0.945×3.14(㎤)だから，Ｂを買った方が得になる。

課題２

⑴　図１より，物の高さとかげの長さの比は，60：72＝５：６となる。

よって，太郎さんの身長は，$190\times\frac{5}{6}$＝158.3…より，158㎝になる。

⑵　30分前の花子さんのかげの長さは180㎝，図２をはかったときの花子さんのかげの長さは180＋60＝240(㎝)だから，かげは240÷180＝$\frac{4}{3}$(倍)になっていることがわかる。よって，⑴の時間で木のかげの長さをはかった場合，$12\div\frac{4}{3}$＝９(m)になるとわかる。よって，⑴より木の高さは，$9\times\frac{5}{6}$＝7.5(m)

⑶　図３について，右のように記号をおく。

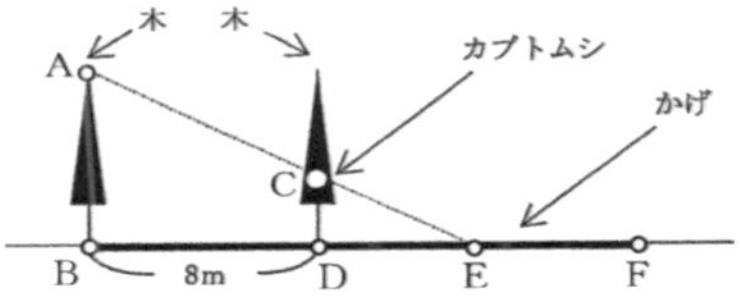

⑵より，図３での木の高さとかげの長さの比は7.5：12＝５：８なので，

木のかげの長さは，$8\times\frac{8}{5}$＝12.8(m)

よって，ＢＥ＝ＤＦ＝12.8mだから，ＤＥ＝12.8−８＝4.8(m)

求める高さは，ＣＤ＝ＤＥ×$\frac{5}{8}$＝4.8×$\frac{5}{8}$＝３(m)

2021 解答例
令和３年度

岡山理科大学附属中学校

《適性検査Ｉ》

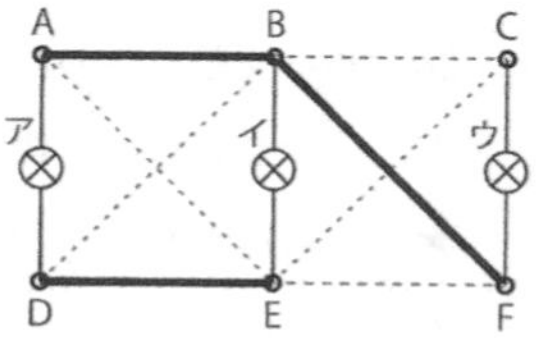

課題１ ⑴高速道路…45　高速道路を降りてから水族館まで…12　⑵10，21　※⑶４

課題２ ⑴ア．128　イ．８　⑵183.04　※⑶109.44

課題３ ⑴右図　⑵①昔は海だった（下線部は1500万年前，水の中でもよい）

②隆起した／沈降した／隆起と沈降を繰り返した　などから１つ　（①と②は順不同）

⑶記号…ウ，オ　共通する特徴…からだが頭部・胸部・腹部の３つに分かれていて，不完全変態であるところ（下線部は胸部に足が３対あって／頭部に複眼が１対あって／頭部に触角が１対あって，さなぎにならずに成虫になるでもよい）

※の説明は解説を参照してください。

《適性検査Ⅱ》

課題１ ⑴四字熟語…右往左往　文…真夜中に地震があって、家族みんな右往左往するしかなかった。

⑵問題点…営業制限により、失業する人が増えている点。　対策…営業制限をしているお店の従業員に対して、政府が一定期間給料を支給する。　⑶ある領域の知識は深まるが、その他の領域を知らないまま狭い世界で生きることになる　⑷自分の興味がある領域以外にも目を向けて、広い世界から無数の選択肢の存在を知り、その中から引き寄せるものを決めること。

課題２ 〈作文のポイント〉

・最初に自分の主張、立場を明確に決め、その内容に沿って書いていく。

・わかりやすい表現を心がける。自信のない表現や漢字は使わない。

さらにくわしい作文の書き方・作文例はこちら！→

https://kyoei-syuppan.net/mobile/files/sakupo.html

課題３ ⑴東日本大震災　⑵（減少の例文）新型コロナウイルスの影響で国内経済が悪化し失業者も増えるため，就業者数は減少していく。　（増加の例文）ワクチン開発によってコロナウイルスが終息し経済が回復するため，就業者数は増加していく。　⑶その対策のために外国人労働者を雇用する企業が増えたから。〔別解〕その人たちが日本で働きたいと考えて来日し，働くようになったから。　⑷日本はますます少子高齢化が進んでいくので，介護の分野で活躍してもらいたい。／今後も人口減少が続いていくので，人手不足の医療現場で働いてもらいたい。／人手を必要とし，高齢化が進む農業の分野で働いてもらいたい。（下線部は林業／漁業でもよい）　などから１つ

岡山理科大学附属中学校

《適性検査Ⅰ》

課題１

(1)　高速道路を走るのにかかる時間は，$60\div80=\frac{3}{4}$(時間)，つまり，$\frac{3}{4}\times60=45$(分)である。

高速道路を降りてから水族館までかかる時間は，$4\div20=\frac{1}{5}$(時間)，つまり，$\frac{1}{5}\times60=12$(分)である。

(2)　小学校から高速道路入り口までにかかる時間は，$36\div40=\frac{9}{10}$(時間)，つまり，$\frac{9}{10}\times60=54$(分)である。

よって，水族館に着くのは，８時30分＋54分＋45分＋12分＝８時30分＋１時間51分＝10時21分である。

(3)　Ａ駅の出発時間の分の値は，00，10，20，30，40，50のいずれかであり，Ｂ駅の出発時間の分の値は，00，12，24，36，48のいずれかである。また，Ａ駅からＢ駅までの移動時間は$40\div60\times60=40$(分)，Ｂ駅からＣ駅までの移動時間は$60\div90\times60=40$(分)である。

10時21分より早く水族館に着くためには，その３分前(降りる時間)の10時18分より前にＣ駅に着かなければならない。よって，Ｂ駅を10時18分－40分＝９時38分より早く出なければならないので，おそくとも９時36分発のＢ駅から出る電車に乗る必要がある。Ｂ駅で電車から降りる時間と乗る時間を考えると，９時36分－３分－２分＝９時31分にはＢ駅に着かなければならない。したがって，Ａ駅を９時31分－40分＝８時51分より早く出なければならないので，おそくとも８時50分発のＡ駅から出る電車に乗る必要がある。

したがって，その２分前(乗る時間)の８時48分にＡ駅に着かなければならない。

８時48分－８時30分＝18分＝$\frac{18}{60}$時間＝$\frac{3}{10}$時間で1.2㎞進むときの速さは時速$(1.2\div\frac{3}{10})$㎞＝時速４㎞だから，

１時間あたり４㎞より速く歩けばよい。

課題２

(1)　正方形(ひし形)の面積は，(対角線)×(対角線)÷２で求められることを利用する。

図２のように重ねた正方形は，対角線の長さが16㎝だから，面積は，16×16÷２＝ア128(㎠)

図３より，３回目に置いた正方形の対角線の長さは，２回目に置いた正方形の１辺の長さに等しい。

この長さを□とすると，２回目に置いた正方形の面積が128㎠だから，□×□＝128となる。

よって，３回目に置いた正方形の面積は，□×□÷２＝128÷２＝64(㎠)である。

64＝８×８より，３回目に置いた正方形の１辺の長さは，イ８㎝である。

(2)　(1)より，白い部分のうち，２回目に置いた正方形の部分の面積は，128㎠である。

それ以外の白い部分の面積は，１辺が16㎝の正方形の面積から，半径が８㎝の円の面積をひいて求められるので，

$16\times16-8\times8\times3.14=256-64\times3.14=256-200.96=55.04$(㎠)

よって，白い部分の面積は，$128+55.04=183.04$(㎠)

(3)　黒い部分の面積のうち，右図の斜線部分と色付き部分は同じ形である。

その面積の比は，２回目に置いた正方形と３回目に置いた正方形の面積の比に等しく，

128：64＝２：１である。斜線部分の面積は，半径が８㎝の円の面積から，２回目に置いた正方形の面積をひけばよいので，$8\times8\times3.14-128=200.96-128=72.96$(㎠)

よって，色付き部分の面積は$72.96\times\frac{1}{2}=36.48$(㎠)だから，黒い部分の面積は，$72.96+36.48=109.44$(㎠)

■ ご使用にあたってのお願い・ご注意

（１）問題文等の非掲載

著作権上の都合により，問題文や図表などの一部を掲載できない場合があります。

誠に申し訳ございませんが，ご了承くださいますようお願いいたします。

（２）過去問における時事性

過去問題集は，学習指導要領の改訂や社会状況の変化，新たな発見などにより，現在とは異なる表記や解説になっている場合があります。過去問の特性上，出題当時のままで出版していますので，あらかじめご了承ください。

（３）配点

学校等から配点が公表されている場合は，記載しています。公表されていない場合は，記載していません。

独自の予想配点は，出題者の意図と異なる場合があり，お客様が学習するうえで誤った判断をしてしまう恐れがあるため記載していません。

（４）無断複製等の禁止

購入された個人のお客様が，ご家庭でご自身またはご家族の学習のためにコピーをすることは可能ですが，それ以外の目的でコピー，スキャン，転載（ブログ，ＳＮＳなどでの公開を含みます）などをすることは法律により禁止されています。学校や学習塾などで，児童生徒のためにコピーをして使用することも法律により禁止されています。

ご不明な点や，違法な疑いのある行為を確認された場合は，弊社までご連絡ください。

（５）けがに注意

この問題集は針を外して使用します。針を外すときは，けがをしないように注意してください。また，表紙カバーや問題用紙の端で手指を傷つけないように十分注意してください。

（６）正誤

制作には万全を期しておりますが，万が一誤りなどがございましたら，弊社までご連絡ください。

なお，誤りが判明した場合は，弊社ウェブサイトの「ご購入者様のページ」に掲載しておりますので，そちらもご確認ください。

■ お問い合わせ

解答例，解説，印刷，製本など，問題集発行におけるすべての責任は弊社にあります。

ご不明な点がございましたら，弊社ウェブサイトの「お問い合わせ」フォームよりご連絡ください。迅速に対応いたしますが，営業日の都合で回答に数日を要する場合があります。

ご入力いただいたメールアドレス宛に自動返信メールをお送りしています。自動返信メールが届かない場合は，「よくある質問」の「メールの問い合わせに対し返信がありません。」の項目をご確認ください。

また弊社営業日（平日）は，午前９時から午後５時まで，電話でのお問い合わせも受け付けています。

2025 春

株式会社教英出版

〒422-8054　静岡県静岡市駿河区南安倍３丁目 12-28

TEL　054-288-2131　　FAX　054-288-2133

URL　https://kyoei-syuppan.net/

MAIL　siteform@kyoei-syuppan.net

神奈川県

①[県立]
- 相模原中等教育学校
- 平塚中等教育学校

②[市立]南高等学校附属中学校
③[市立]横浜サイエンスフロンティア高等学校附属中学校
④[市立]川崎高等学校附属中学校
✿⑤聖光学院中学校
✿⑥浅野中学校
⑦洗足学園中学校
⑧法政大学第二中学校
⑨逗子開成中学校（1次）
⑩逗子開成中学校（2·3次）
⑪神奈川大学附属中学校（第1回）
⑫神奈川大学附属中学校（第2·3回）
⑬栄光学園中学校
⑭フェリス女学院中学校

新潟県

①[県立]
- 村上中等教育学校
- 柏崎翔洋中等教育学校
- 燕中等教育学校
- 津南中等教育学校
- 直江津中等教育学校
- 佐渡中等教育学校

②[市立]高志中等教育学校
③新潟第一中学校
④新潟明訓中学校

石川県

①[県立]金沢錦丘中学校
②星稜中学校

福井県

①[県立]高志中学校

山梨県

①山梨英和中学校
②山梨学院中学校
③駿台甲府中学校

長野県

①[県立]
- 屋代高等学校附属中学校
- 諏訪清陵高等学校附属中学校

②[市立]長野中学校

岐阜県

①岐阜東中学校
②鶯谷中学校
③岐阜聖徳学園大学附属中学校

静岡県

①[国立]静岡大学教育学部附属中学校（静岡·島田·浜松）

②
- [県立]清水南高等学校中等部
- [県立]浜松西高等学校中等部
- [市立]沼津高等学校中等部

③不二聖心女子学院中学校
④日本大学三島中学校
⑤加藤学園暁秀中学校
⑥星陵中学校
⑦東海大学付属静岡翔洋高等学校中等部
⑧静岡サレジオ中学校
⑨静岡英和女学院中学校
⑩静岡雙葉中学校
⑪静岡聖光学院中学校
⑫静岡学園中学校
⑬静岡大成中学校
⑭城南静岡中学校
⑮静岡北中学校

⑯
- 常葉大学附属常葉中学校
- 常葉大学附属橘中学校
- 常葉大学附属菊川中学校

⑰藤枝明誠中学校
⑱浜松開誠館中学校
⑲静岡県西遠女子学園中学校
⑳浜松日体中学校
㉑浜松学芸中学校

愛知県

①[国立]愛知教育大学附属名古屋中学校
②愛知淑徳中学校

③
- 名古屋経済大学市邨中学校
- 名古屋経済大学高蔵中学校

④金城学院中学校
⑤椙山女学園中学校
⑥東海中学校
⑦南山中学校男子部
⑧南山中学校女子部
⑨聖霊中学校
⑩滝中学校
⑪名古屋中学校
⑫大成中学校
⑬愛知中学校
⑭星城中学校
⑮名古屋葵大学中学校（名古屋女子大学中学校）
⑯愛知工業大学名電中学校
⑰海陽中等教育学校（特別給費生）
⑱海陽中等教育学校（I·II）
⑲中部大学春日丘中学校
新刊⑳名古屋国際中学校

三重県

①[国立]三重大学教育学部附属中学校
②暁中学校
③海星中学校
④四日市メリノール学院中学校
⑤高田中学校
⑥セントヨゼフ女子学園中学校
⑦三重中学校
⑧皇學館中学校
⑨鈴鹿中等教育学校
⑩津田学園中学校

滋賀県

①[国立]滋賀大学教育学部附属中学校

②[県立]
- 河瀬中学校
- 守山中学校
- 水口東中学校

京都府

①[国立]京都教育大学附属桃山中学校
②[府立]洛北高等学校附属中学校
③[府立]園部高等学校附属中学校
④[府立]福知山高等学校附属中学校
⑤[府立]南陽高等学校附属中学校
⑥[市立]西京高等学校附属中学校
⑦同志社中学校
⑧洛星中学校
⑨洛南高等学校附属中学校
⑩立命館中学校
⑪同志社国際中学校
⑫同志社女子中学校（前期日程）
⑬同志社女子中学校（後期日程）

大阪府

①[国立]大阪教育大学附属天王寺中学校
②[国立]大阪教育大学附属平野中学校
③[国立]大阪教育大学附属池田中学校

④[府立]富田林中学校
⑤[府立]咲くやこの花中学校
⑥[府立]水都国際中学校
⑦清風中学校
⑧高槻中学校（Ａ日程）
⑨高槻中学校（Ｂ日程）
⑩明星中学校
⑪大阪女学院中学校
⑫大谷中学校
⑬四天王寺中学校
⑭帝塚山学院中学校
⑮大阪国際中学校
⑯大阪桐蔭中学校
⑰開明中学校
⑱関西大学第一中学校
⑲近畿大学附属中学校
⑳金蘭千里中学校
㉑金光八尾中学校
㉒清風南海中学校
㉓帝塚山学院泉ヶ丘中学校
㉔同志社香里中学校
㉕初芝立命館中学校
㉖関西大学中等部
㉗大阪星光学院中学校

兵庫県

①[国立]神戸大学附属中等教育学校
②[県立]兵庫県立大学附属中学校
③雲雀丘学園中学校
④関西学院中学部
⑤神戸女学院中学部
⑥甲陽学院中学校
⑦甲南中学校
⑧甲南女子中学校
⑨灘中学校
⑩親和中学校
⑪神戸海星女子学院中学校
⑫滝川中学校
⑬啓明学院中学校
⑭三田学園中学校
⑮淳心学院中学校
⑯仁川学院中学校
⑰六甲学院中学校
⑱須磨学園中学校（第1回入試）
⑲須磨学園中学校（第2回入試）
⑳須磨学園中学校（第3回入試）
㉑白陵中学校
㉒夙川中学校

奈良県

①[国立]奈良女子大学附属中等教育学校
②[国立]奈良教育大学附属中学校
③[県立]（国際中学校
青翔中学校
④[市立]一条高等学校附属中学校
⑤帝塚山中学校
⑥東大寺学園中学校
⑦奈良学園中学校
⑧西大和学園中学校

和歌山県

①[県立]（古佐田丘中学校
向陽中学校
桐蔭中学校
日高高等学校附属中学校
田辺中学校
②智辯学園和歌山中学校
③近畿大学附属和歌山中学校
④開智中学校

岡山県

①[県立]岡山操山中学校
②[県立]倉敷天城中学校
③[県立]岡山大安寺中等教育学校
④[県立]津山中学校
⑤岡山中学校
⑥清心中学校
⑦岡山白陵中学校
⑧金光学園中学校
⑨就実中学校
⑩岡山理科大学附属中学校
⑪山陽学園中学校

広島県

①[国立]広島大学附属中学校
②[国立]広島大学附属福山中学校
③[県立]広島中学校
④[県立]三次中学校
⑤[県立]広島叡智学園中学校
⑥[市立]広島中等教育学校
⑦[市立]福山中学校
⑧広島学院中学校
⑨広島女学院中学校
⑩修道中学校
⑪崇徳中学校
⑫比治山女子中学校
⑬福山暁の星女子中学校
⑭安田女子中学校
⑮広島なぎさ中学校
⑯広島城北中学校
⑰近畿大学附属広島中学校福山校
⑱盈進中学校
⑲如水館中学校
⑳ノートルダム清心中学校
㉑銀河学院中学校
㉒近畿大学附属広島中学校東広島校
㉓ＡＩＣＪ中学校
㉔広島国際学院中学校
㉕広島修道大学ひろしま協創中学校

山口県

①[県立]（下関中等教育学校
高森みどり中学校
②野田学園中学校

徳島県

①[県立]（富岡東中学校
川島中学校
城ノ内中等教育学校
②徳島文理中学校

香川県

①大手前丸亀中学校
②香川誠陵中学校

愛媛県

①[県立]（今治東中等教育学校
松山西中等教育学校
②愛光中学校
③済美平成中等教育学校
④新田青雲中等教育学校

高知県

①[県立]（安芸中学校
高知国際中学校
中村中学校

福岡県

①［国立］福岡教育大学附属中学校（福岡・小倉・久留米）

②［県立］
- 育徳館中学校
- 門司学園中学校
- 宗像中学校
- 嘉穂高等学校附属中学校
- 輝翔館中等教育学校

③西南学院中学校
④上智福岡中学校
⑤福岡女学院中学校
⑥福岡雙葉中学校
⑦照曜館中学校
⑧筑紫女学園中学校
⑨敬愛中学校
⑩久留米大学附設中学校
⑪飯塚日新館中学校
⑫明治学園中学校
⑬小倉日新館中学校
⑭久留米信愛中学校
⑮中村学園女子中学校
⑯福岡大学附属大濠中学校
⑰筑陽学園中学校
⑱九州国際大学付属中学校
⑲博多女子中学校
⑳東福岡自彊館中学校
㉑八女学院中学校

佐賀県

①［県立］
- 香楠中学校
- 致遠館中学校
- 唐津東中学校
- 武雄青陵中学校

②弘学館中学校
③東明館中学校
④佐賀清和中学校
⑤成穎中学校
⑥早稲田佐賀中学校

長崎県

①［県立］
- 長崎東中学校
- 佐世保北中学校
- 諫早高等学校附属中学校

②青雲中学校
③長崎南山中学校
④長崎日本大学中学校
⑤海星中学校

熊本県

①［県立］
- 玉名高等学校附属中学校
- 宇土中学校
- 八代中学校

②真和中学校
③九州学院中学校
④ルーテル学院中学校
⑤熊本信愛女学院中学校
⑥熊本マリスト学園中学校
⑦熊本学園大学付属中学校

大分県

①［県立］大分豊府中学校
②岩田中学校

宮崎県

①［県立］五ヶ瀬中等教育学校

②［県立］
- 宮崎西高等学校附属中学校
- 都城泉ヶ丘高等学校附属中学校

③宮崎日本大学中学校
④日向学院中学校
⑤宮崎第一中学校

鹿児島県

①［県立］楠隼中学校
②［市立］鹿児島玉龍中学校
③鹿児島修学館中学校
④ラ・サール中学校
⑤志學館中等部

沖縄県

①［県立］
- 与勝緑が丘中学校
- 開邦中学校
- 球陽中学校
- 名護高等学校附属桜中学校

もっと過去問シリーズ

北海道

北嶺中学校
7年分（算数・理科・社会）

静岡県

静岡大学教育学部附属中学校
（静岡・島田・浜松）
10年分（算数）

愛知県

愛知淑徳中学校
7年分（算数・理科・社会）
東海中学校
7年分（算数・理科・社会）
南山中学校男子部
7年分（算数・理科・社会）
南山中学校女子部
7年分（算数・理科・社会）
滝中学校
7年分（算数・理科・社会）
名古屋中学校
7年分（算数・理科・社会）

岡山県

岡山白陵中学校
7年分（算数・理科）

広島県

広島大学附属中学校
7年分（算数・理科・社会）
広島大学附属福山中学校
7年分（算数・理科・社会）
広島学院中学校
7年分（算数・理科・社会）
広島女学院中学校
7年分（算数・理科・社会）
修道中学校
7年分（算数・理科・社会）
ノートルダム清心中学校
7年分（算数・理科・社会）

愛媛県

愛光中学校
7年分（算数・理科・社会）

福岡県

福岡教育大学附属中学校
（福岡・小倉・久留米）
7年分（算数・理科・社会）
西南学院中学校
7年分（算数・理科・社会）
久留米大学附設中学校
7年分（算数・理科・社会）
福岡大学附属大濠中学校
7年分（算数・理科・社会）

佐賀県

早稲田佐賀中学校
7年分（算数・理科・社会）

長崎県

青雲中学校
7年分（算数・理科・社会）

鹿児島県

ラ・サール中学校
7年分（算数・理科・社会）

※もっと過去問シリーズは国語の収録はありません。

教英出版
〒422-8054
静岡県静岡市駿河区南安倍3丁目12－28
TEL 054-288-2131
FAX 054-288-2133
詳しくは教英出版で検索
教英出版　検索
URL https://kyoei-syuppan.net/

令和６年度　岡山理科大学附属中学校
推薦入学試験（基礎学力型）
算数・国語
（50分　100点）

先生の指示があるまで，この用紙にさわってはいけません。

受験上の注意

１．コートを着たまま受験をしてもよろしい。コートをぬぐ場合は，いすのせもたれにかけておきましょう。
２．持ってきた受験票は，机にはってある番号カードの下にはさんでおきましょう。
３．時計のアラームは切っておきましょう。計算きのついた時計は使えないので，カバンの中にしまいましょう。
４．机の上には，えん筆（シャープペンシル）数本，けしゴム，コンパス，直じょうぎを出しておきましょう。必要な人はティッシュペーパーを置いてもかまいません。予備のえん筆や筆ばこ，シャープペンシルのかえしんなどはカバンの中に入れましょう。三角じょうぎ，分度き，下じき，けい光マーカー，辞書機能や電たく，通信機能を持った機器などは使ってはいけません。必要のないものはカバンの中にしまいましょう。
５．試験の時間割は，受験票に書いてあります。試験の始まりから終わりまで，指示を聞いてから動きましょう。
６．この試験では，算数と国語の問題を出題しています。問題用紙は，この表紙をのぞいて６ページあります。解答用紙は算数１枚，国語１枚の合計２枚あります。
７．問題用紙と解答用紙が不足していたり，読みにくかったりしたときは，静かに手をあげて待っていてください。
８．試験開始の指示があってから，筆記用具を手にしてよろしい。それぞれの解答用紙の決められた場所に受験番号のみ記入しましょう。名前は書かないようにしましょう。解答はすべて解答用紙に記入しましょう。
９．算数と国語合わせて50分の試験時間です。どちらの教科から初めてもかまいせん。時間配分も自分で考えて50分を自由に使って解答しましょう。
10．試験中に机の中のものをさわったり，他の受験生に話しかけたりしてはいけません。机の中のものを使いたいときや質問があるとき，また気分が悪くなったり，トイレに行きたくなったりしたときには，はっきりと手をあげて，先生を呼びましょう。
11．　物を落とした場合は，はっきりと手をあげて先生を呼び，拾ってもらいましょう。落としたものを自分で拾ってはいけません。
12．　全部の問題ができても，先生の指示があるまでは，席を立ったり話をしたりしてはいけません。
13．　「終わりの指示」があったら，
①　筆記用具をすぐに机の上に置きましょう。
②　解答用紙は，国語の方が上になるようにして，机の左上に置きましょう。

※すべての試験が終わるまで，ほかの階に行ったり建物の外へ出たりしてはいけません。

推薦入学試験　基礎学力型　（算数）　　問題用紙

答えはすべて解答用紙に記入しなさい。式（考え方）も書きなさい。

1　次の計算をしなさい。

（１）　５２÷１３＋９×６－１８

（２）　３．６÷２．４×５ ．８

（３）　$\frac{2}{3}+\frac{3}{4}-\frac{4}{5}$

（４）　$\frac{3}{5}\div 0.7\times \frac{5}{12}$

（５）　$\frac{8}{9}-\left(\frac{1}{3}-\frac{4}{27}\right)\times 0.6$

（６）　２０２３×５＋２０１７×４－２０２０×３

推薦入学試験　基礎学力型　（算数）　問題用紙

2　次の各問いに答えなさい。

（1）　太郎《たろう》さんの家の水道料金は，７月は４８００円でした。８月の水道料金は７月より１割高く，９月の水道料金は８月より１５％安い料金でした。９月の水道料金は何円でしたか。

（2）　花子さんが通っている小学校の４年生と５年生の人数の比は９：５で，５年生と６年生の人数の比は４：５です。６年生の人数が１００人のとき，４年生の人数は何人ですか。

（3）　ある池のまわりを，太郎さんと花子さんがそれぞれ一定の速さで歩きます。２人は同時に同じ場所を出発して，反対の方向にすすむと２２分後に出会いました。太郎さんの歩く速さが時速３㎞で，花子さんの歩く速さが分速７０ｍのとき，池のまわりの長さは何ｍですか。

（4）　最大公約数が１２で，最小公倍数が３６０である，２つの２けたの整数をそれぞれ答えなさい。

（5）　右の図は，１辺の長さが８㎝の正方形の中に，半径４㎝の円の半分をいくつか書いたものです。このとき，アの部分の面積を求めなさい。ただし，円周率は3.14とします。

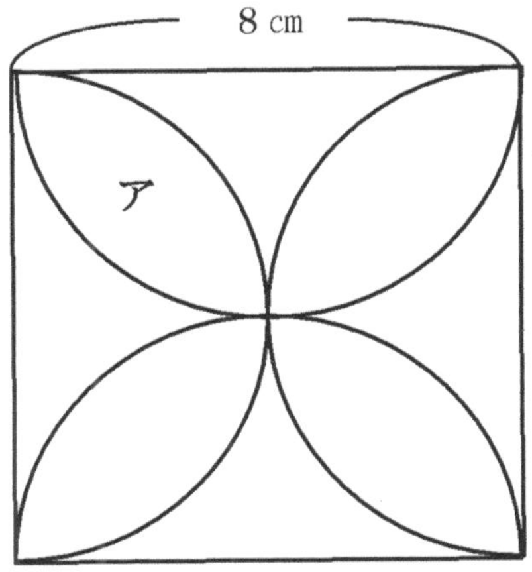

推薦入学試験　基礎学力型（国語）　問題用紙

次の〈文章〉を読んで、以下の問いに答えなさい。

〈文章〉

雑誌などで論争がおこると、まず、どちらかが先に①口火を（　　　　）。それに対して相手が次号で[注1]応酬《おうしゅう》する。これが何回もくりかえされるわけだが、どちらが最後の発言者になるかが、その論争の[注2]帰趨《きすう》に大きなかかわりをもつことがすくなく②ない。当事者はどちらも、自分の発言で終《おわ》りにしたいと考える。

野球の試合にも先攻《せんこう》と後攻《こうこう》がある。普通《ふつう》はジャンケンやくじで、きめる。先攻か後攻か、どちらをとるかはチームのくせもあって[注3]一概《いちがい》には言えない。先攻を選んだ方がいいと考えるのは、早いところで得点をあげて逃《に》げ切りを得意とするチームだろう。出足がおそく、じりじり追い上げるような試合をすることの多いチームは後攻《あとぜ》めをとるに違いない。

心理的には、後攻の方がa分があるように思われる。相手を見てから攻《せ》められる。サヨナラ・ゲームをするチャンスだってある。五分と五分と言いたいところだが、すこし、後攻の方が分がよさそうである。

〃はじめが大事〃ということわざもあるが、後の方が大事だということわざの方が多いのも③この間の事情をbハンエイしているような気がする。

〃はじめ半分〃というのは、【　X　】を重視し、スタートでことが決するのだと考える。これに対して、〃百里の道は九十里がc半ば〃というのがある。〃百里行く者は九十里を半ばとす〃とも言う。これは、最後の十里が、それまでの九十里にひってきするほど苦しいとの意で、あきらかに、【　Y　】に重点をおいている。

ことわざではないが、〃有終の美〃は、ものごとを最後までしっかりやりとげてりっぱな成果をあげることである。≪　い　≫、しめくくりに注目している。

〃画竜点睛《がりょうてんせい》〃とは、最後の仕上げを言う。昔、中国の画家がある寺に二頭の竜《りゅう》を描《えが》いたが、睛（ひとみ）を入れないでおいた。そして、画家は人々に言った。≪　ろ　≫睛を入れれば、たちまち竜は飛び去ってしまうであろうと。きく人、これを信ぜず、でたらめだと噂《うわさ》した。≪　は　≫、その画家が、一方の竜に睛を点じたところ、[注4]雷電《らいでん》のように壁《かべ》を破って、天にのぼってしまった。もう[注5]一方は睛を入れずそのままにしておいたから、そこに残っていたという。これが〃画竜点睛〃の故事《こじ》である。最後のきめ手というわけだ。仕上げの一筆である。

〃画竜点睛を欠く〃と言えば、全体はよくできているのだが、かんじんなところが欠けていて惜《お》しい、の意味である。

〃九仭《きゅうじん》の功を一簣《いっき》に虧《か》く〃も中国の古典（書経）に由来することばである。九仭の[注6]仭は八尺のこと。九仭はたいへんな高さである。土をdモり上げてそういう高い築山をつくるときにも、最後の一簣（ひともっこ）の土がなければ築山は完成しない。九分九厘《くりん》までできたことでも、最後のちょっとした失敗で全体が台なしになってしまう、と言うのである。〃百里の道は九十里が半ば〃と同じように【　Z　】を重んじる。

〃「　I　」〃というのは、はじめはりっぱであるのに、終りがさっぱりさえない意である。〃はじめ半分〃の思想で、はじめに力を入れすぎると、こういう尻《しり》切れとんぼになりやすい。

〝九仞の功を一簣に虧く〟に相当するものをわが国のことわざに求めるとすれば、〝磯《いそ》ぎわで舟《ふね》を破《わ》る〟がある。

長い海路を無事にやってきて、いよいよ岸に着くという所で気がゆるむのか、思いもかけない事故《じこ》をおこして、舟を沈《しず》めてしまうようなことがおこらないともかぎらない。危険な沖合いで緊張《きんちょう》しているからかえって無事なのに、もうあと一歩という所で油断、失敗することが多い。心のゆるみが招く危険を衝《つ》いている。

長い階段を昇《のぼ》って行くとき、もうあと二、三段で昇りつめるという所までくると、つい気がはやって、かけ上がりたくなるものだ。しかし、そんなとき、[注7]④えてして、つまずきやすい。〝磯ぎわで舟を破る〟と同じである。

夏の海へ海水浴に行く。水着になった人たちが浜辺をおりて行く。そして、あとわずかで波打ちぎわという所になると、大人もこどもも走り出す。心がせくのであろう。そこに、ひょっとしたら、心のすきができる。それが、〝磯ぎわで舟を破る〟ことになるのだろう。

日本にはこのように、終りを重んじることわざがたくさんある。それに対して、〝はじめよければすべてよし〟の類《たぐい》のものがすくないように思われる。⑤おもしろいのは、英語にはこのはじめを重視するものがいくらか多いように感じられることである。

これは、ただ、ことわざだけの問題ではないかもしれない。何事によらず、ヨーロッパ語では、はじめに大切なことを出してしまう発想の方式が普通である。

「君はAをBよりもすぐれていると思うか」

と言う問いに対して、英語なら、

「しかり、そうである（AはBよりすぐれている）」

「いや、そうではない（AはBよりすぐれていない）」

と答える。理由があれば、そのあとに、「なぜなら」とつづけてのべるだろう。

それに引きかえ、われわれの日本語では、

「そうですね、Bはこのごろ調子がおかしくなっていますから、やはり、Aの方がいいでしょうね」

などと、終りの部分に最重要なことをおく。はじめよりも終りである。

これを[注8]端的《たんてき》に示しているのが、落語である。はじめのところは〝マクラ〟をふる。本題に関係のないような話である。いちばん終りのところに、〝落ち〟とか〝下げ〟と言われるものが来て、これが話のカナメになる。落語を愛してきた日本人は、［　Ⅱ　］を大切にするのだと言えそうだ。

ヨーロッパ人がより多く、スタートで勝負をきめようとしているとするなら、日本人はゴール直前の追い込《こ》みにかけるのだ。

（外山滋比古「ことわざの論理」より　一部改めたところがある）

【注】
1　応酬…たがいにやりあうこと
2　帰趨…状態の最終的に落ち着くところ
3　一概…すべてを同じにみて一つにすること
4　雷電…かみなりといなずま
5　故事…昔から伝えられて、いわれのある事柄《ことがら》
6　八尺…約二メートル五十センチ
7　えてして…とかくそのような傾向《けいこう》がある

8 端的…てっとりばやく要点をとらえているさま

問一 ——線部①「口火を（　　　）」について、あとの問いに答えなさい。

i 「話し始める」という意味の慣用句になるように、（　　　）に入る語句を答えなさい。

ii **ア**～**ウ**は、「口」に関わる慣用句です。（　　　）に入る語句をそれぞれ答えなさい。

ア 口を（　　　）→〈意味〉白状する。自白する。

イ 口が（　　　）→〈意味〉言うつもりがないことを、うっかり言ってしまう。

ウ 口に（　　　）→〈意味〉飲食物が好みの味と一致《いっち》する。

問二 ——線部②「ない」と同じ使い方をしているものを、次の中から**すべて**選び、記号で答えなさい。

ア その場所はあぶない。　**イ** 忘れ物は全くない。

ウ 私には信じられない。　**エ** どちらも差はない。

問三 ——線部**a**～**d**を、カタカナは漢字で、漢字は読みをひらがなで書きなさい。

問四 ——線部③「この間の事情」とはどのような事情ですか。次の文章の空らんに入る適当な言葉を、文章中からぬき出して答えなさい。

・（十四字）という事情。

問五 【 **X** 】・【 **Y** 】・【 **Z** 】には、「はじめ」か「終り」のどちらかの語句が入ります。「はじめ」であれば**ア**、「終り」であれば**イ**と答えなさい。

問六 ≪ **い** ≫・≪ **ろ** ≫・≪ **は** ≫に入る語句を次の中からそれぞれ選び、記号で答えなさい。

ア たとえば　**イ** やはり　**ウ** そこで　**エ** もし　**オ** ならびに

問七 〔 **I** 〕に入る四字熟語として適当なものを次の中から一つ選び、記号で答えなさい。

ア 鶏口牛後　**イ** 朝三暮四　**ウ** 竜頭蛇尾　**エ** 首尾一貫

問八 ——線部④「えてして、つまずきやすい」とありますが、それはなぜですか。文中の言葉を使って三十字以上三十五字以内で答えなさい。

問九 ——線部⑤「おもしろいのは」とありますが、この言葉に込められた筆者の思いの説明として最も適当なものを次の中から選び、記号で答えなさい。

ア 日本語は、終りを重んじることわざはたくさんあるのに〃はじめよければすべてよし〃の類の言葉は少ないということに気づき、ゆかいに思っている。

イ 日本語は終りを重んじることわざがたくさんあるのに対して英語ははじめを重視する言葉が多いという言語文化の違いについて、興味深く思っている。

ウ 日本語と英語について、はじめと終りのどちらを重視した言葉が多いかという一風変わった疑問を抱《いだ》いてしまった自分のことを、不可思議に思っている。

エ 日本語と英語について、はじめと終りのどちらを重視した言葉が多いかというつまらない疑問を抱いてしまった自分のことを、ばかばかしく思っている。

問十 〔 Ⅱ 〕に入る言葉を文章中から四字でぬき出して答えなさい。

問十一 三人の生徒が、〈文章〉を読んでそれぞれ感想を述べています。筆者の考えを正しく理解できていれば○を、できていなければ×を書きなさい。

ゆめこさん 「筆者は、日本のことわざや文芸、日本人が話をするときの構成の仕方を例に挙げるなど複数の根拠《こんきょ》をもとに論じることで、日本人にははじめより終りを重視する性質があるという持論の説得力を高めているね。」

かなえさん 「筆者は、〃画竜点睛〃と〃九仞の功を一簣に虧く〃が中国の故事や古典に由来する言葉であると述べることで、中国の言語文化が日本の言語文化に大きく影響していることを読者に印象付けようとしているね。」

のぞむさん 「筆者は、冒頭《ぼうとう》で論争を自分の発言で終りにしたいと思う心理や試合で後攻をとりたがる心理について触《ふ》れることで、終りを重要視するのは日本人特有の性質ではなく、『人』の本質であることを強調しているね。」

※国語と合わせて100点満点（配点非公表）

受験番号

令和６年度　岡山理科大学附属中学校
推薦入学試験　基礎学力型　（算数）　解答用紙

※空らんには記入しないこと

※

1

(1)	(2)	(3)
答え：	答え：	答え：
(4)	(5)	(6)
答え：	答え：	答え：

※

2

(1) 円	(2) 人
(3) m	(4) ２けたの整数…　　，
(5) ㎠	

※

令和六年度　岡山理科大学附属中学校

推薦入学試験　基礎学力型（国語）

解答用紙

※らんには記入しないこと

受験番号

※

問一
i
ii
ア
イ
ウ

問二

※

問三
a
b
c
（ば）
d
（り）

※

問四

という事情。

※

問五
X
Y
Z

問六
い
ろ
は

問七

※

問八

30

※

問九

問十

問十一
ゆめこ
かなえ
のぞむ

※

※算数と合わせて100点満点（配点非公表）

令和６年度　岡山理科大学附属中学校
一次入学試験（適性検査型）
適性検査Ⅰ
（45 分・70 点）

先生の指示があるまで，この用紙にさわってはいけません。

受験上の注意

1．コートを着たまま受験をしてもよろしい。コートをぬぐ場合は，いすのせもたれにかけておきましょう。

2．持ってきた受験票は，机にはってある番号カードの下にはさんでおきましょう。

3．時計のアラームは切っておきましょう。計算きのついた時計は使えないので，カバンの中にしまいましょう。

4．机の上には，えん筆（シャープペンシル）数本，けしゴム，コンパス，直じょうぎを出しておきましょう。必要な人はティッシュペーパーを置いてもかまいません。予備のえん筆や筆ばこ，シャープペンシルのかえしんなどはカバンの中に入れましょう。三角じょうぎ，分度き，下じき，けい光マーカー，辞書機能や電たく，通信機能を持った機器などは使ってはいけません。必要のないものはカバンの中にしまいましょう。

5．検査の時間割は，受験票に書いてあります。試験の始まりから終わりまで，指示を聞いてから動きましょう。

6．検査用紙は，この表紙をのぞいて３ページあります。指示があるまで下の検査用紙を見てはいけません。

7．試験開始の合図があってから，筆記用具を手にしてよろしい。受験番号をそれぞれの検査用紙の上部にある「受験番号」という空らんに記入しましょう。必ず３枚とも記入してください。名前は書いてはいけません。

8．検査用紙が不足していたり，読みにくかったりしたときは，静かに手をあげて待っていてください。

9．試験中に机の中のものをさわったり，他の受験生に話しかけたりしてはいけません。机の中のものを使いたいときや質問があるとき，また気分が悪くなったり，トイレに行きたくなったりしたときには，はっきりと手をあげて，先生を呼びましょう。

10．物を落とした場合は，はっきりと手をあげて先生を呼び，拾ってもらいましょう。落としたものを自分で拾ってはいけません。

11．この検査の時間は 45 分です。全部の問題ができても，先生の指示があるまでは，席を立ったり話をしたりしてはいけません。

12．「終わりの指示」があったら，

①　筆記用具をすぐに机の上に置きましょう。

②　検査用紙を表紙が一番上になるように机の中央において，回収されるまで静かに待ちましょう。

③　表紙（この用紙）と検査用紙は持ち帰ってはいけません。

※すべての試験が終わるまで，ほかの階に行ったり建物の外へ出たりしてはいけません。

受験番号	

※70点満点
（配点非公表）

※

課題１　同じ小学校に通っている６年生の太郎《たろう》さんと花子さんは，学校の中にある花だんのまわりに植える花や，花だんの中に植える種について話をしているところです。

太郎：花だんのまわりには，チューリップを植えようよ。
花子：花だんの形は，図１のように，たてが６ｍ，横が８ｍの長方形から，１辺の長さが２ｍの正方形を１か所切り取ったものだわ。どのように植えるのかしら。
太郎：まず花だんの６つのかどの部分にチューリップを１本植えるんだ。そして，５０㎝ずつ間をあけて花だんのまわりにチューリップを１本ずつ植える予定なんだ。
花子：そうなると，チューリップは何本必要になるのかしら。

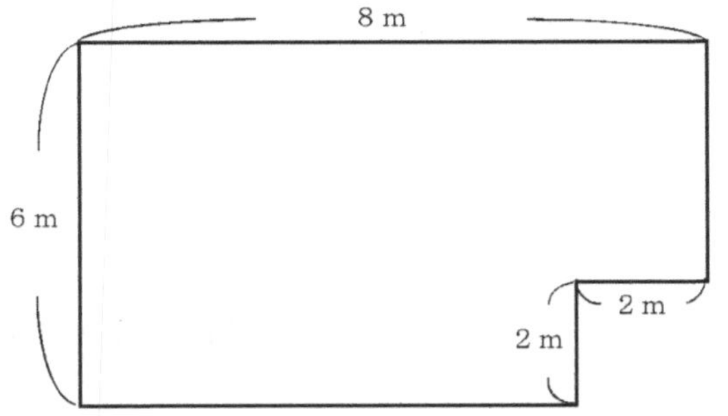

図１　学校の花だんのようす

※

（１）花だんのまわりに植えるチューリップの本数は，何本になるか答えましょう。

本

太郎：花だんの中には，インゲンマメの種を植えることにしようよ。どのように植えようかな。
花子：図２のように，花だんの左上のかどの部分から，たて横ともに４０㎝間をあけたところに１個目の種を植えましょう。そこから同じようにたて，横ともに４０㎝ずつ間をあけて，種を１個ずつ植えていくと，すべて同じ間かくで花だんの中に種を植えることができるわ。
太郎：そうなると，たくさんの種が必要になってくるね。

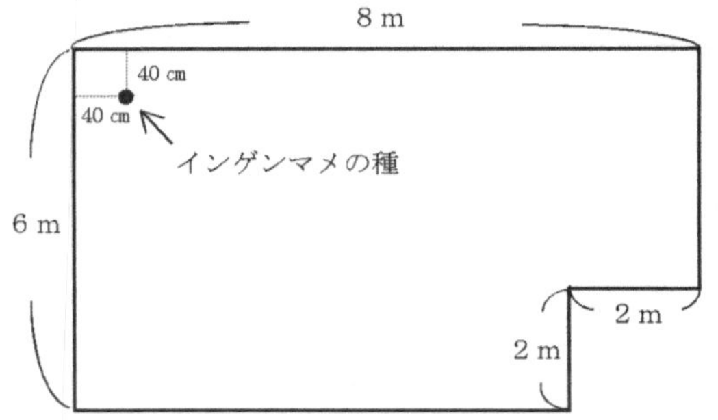

図２　種を植えているようす

※

（２）花だんの中に植える種の数は，何個になるか答えましょう。どのように求めたか説明しましょう。

（説明）

個

※

（３）太郎さんは学校の花だんに日時計を作りたいと考えています。日時計はどの花だんに作るのが良いか考えるため，ある日の正午に図中の●の場所で太陽の向きを調べたところ，遊具の方角に見えました。図中のＡ～Ｄのうち，どの花だんに作るのが良いでしょうか。記号で答えなさい。ただし，図の向きは上が北とはかぎりません。

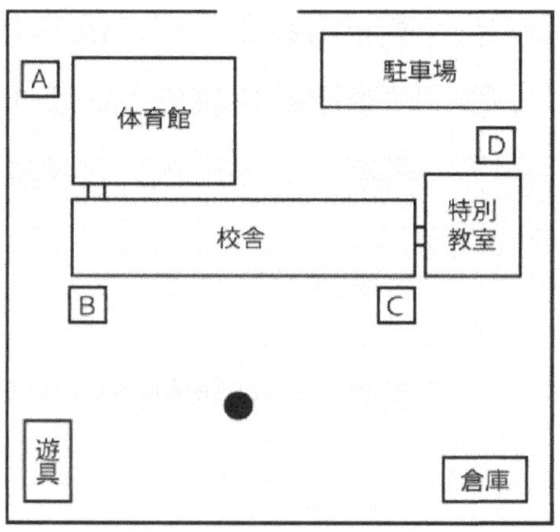

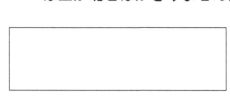

受験番号	

※

課題２　花子さんと太郎《たろう》さんは先生と理科室で話をしています。あとの(１)～(３)に答えましょう。

太郎：夏休みには岡山県に線状降水帯が発生し，洪《こう》水がおこるのではないかと心配しました。

先生：７月には九州や秋田県で河川の氾濫《はんらん》が発生し，大きな被《ひ》害が出ましたね。

花子：河川の氾濫による水害を防ぐためにはどうしたらいいのですか。

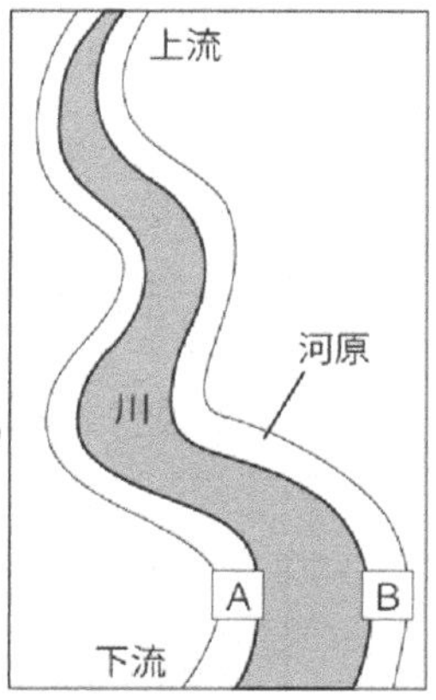

図１

(１)　右の図１は，曲がって流れているある川の中流付近の様子を図にしたものです。川の両側には河原や岸がありますが，洪水が起こると河原の部分まで川の水があふれてしまうため，河原には堤《てい》防がつくられています。図１のＡかＢの一方にコンクリートで堤防を固める工事(護岸工事)を行うとすると，どちらを工事すべきだと思いますか。記号とその理由を答えましょう。

記号	
理由	

太郎：飲みかけのジュースのペットボトルを車の中に置いていたらふくらんでいました。帰って冷蔵庫に入れていたらペットボトルがつぶれていました。

先生：温度の変化によって体積が変化する様子を実験してみましょう。

※

(２)　右図のように，水を入れたフラスコにガラス管をとりつけ，80℃の湯につけたとき，ガラス管から最も勢いよく水が出るのはＡ～Ｃのどれか，記号で答えましょう。また，そのように考えた理由を説明しましょう。

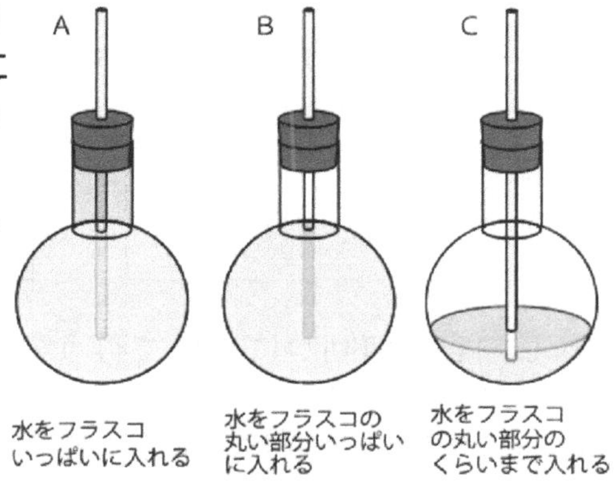

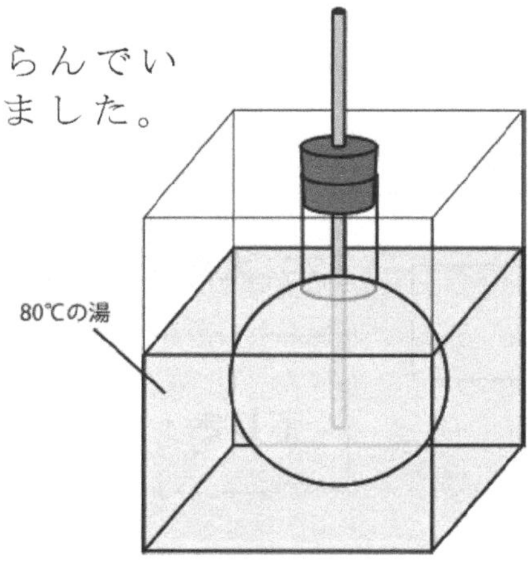

図２

記号	
理由	

先生：今日は暑いので，氷と塩で材料を冷やして，アイスクリームを作ってみよう。小さいボウルに材料を加えて混ぜ，大きいボウルに氷 300g と食塩 30g を加えてかき混ぜ，大きいボウルに小さいボウルを入れ，残りの材料を加えて混ぜましょう。

花子：アイスが固まりません。固まる温度は何℃ですか？

先生：よい所に気がつきましたね。アイスクリームが凍《こお》る温度は−15℃から−16℃だそうです。右の氷 100g に加えた食塩の量と氷の温度のグラフも参考にして考えて下さい。

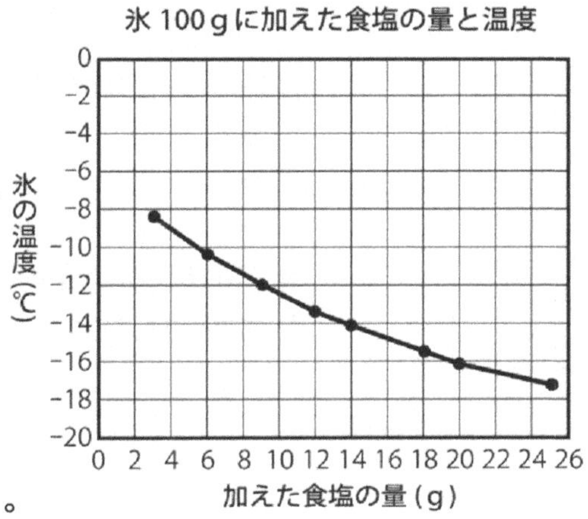

※

(３)　花子さんたちは氷と食塩を入れた大きいボウルに食塩を何ｇ加えるとアイスが固まりますか。考え方(計算)も示しましょう。

(計算)		
	答え	g

受験番号	

※

課題３　６年生の太郎さんと花子さんは，今度の夏休みに地元の公民館で開かれる理《り》科《か》実験《じっけん》講《こう》座《ざ》のボランティアをすることになりました。

太郎：ぼくも２年前に，この理科実験講座に生徒として参加したんだけど，そのときよりも参加者が増えたね。
花子：２年前は，どのくらいの人数の人が参加していたのかしら。
太郎：資料によると，ぼくが参加したときの参加者は，４５０人だったらしいんだ。
花子：今年の人数は，昨年よりも２５％増えて，７２０人らしいわ。
太郎：ということは，昨年の人数は，２年前よりも［　ア　］％増えたことがわかるね。

※

（１）［　ア　］にはいる数字を答えましょう。

花子：理科実験講座の参加者全員に，下じきとボールペンのどちらかを選んで，記念品としてわたすのね。
太郎：この前記念品をお店に注文したとき，下じきは１枚１２０円，ボールペンは１本８０円で売られていて，参加者全員にどちらもあまりを出すことがないようにわたすことができる分だけ買ったとき，かかったお金はちょうど７万円だったよ。

※

（２）太郎さんは下じきを何枚，ボールペンを何本買いましたか。それぞれ答えましょう。

下じき・・・　　　　　枚　　**ボールペン・・・　　　　　本**

花子：この教室では，同じ内容を何回かに分けて行うのね。
太郎：公民館の中には，参加者を１３０人をこえて入れることはできないからね。右の表は，２年前にぼくが参加したときの時間割なんだけど，ぼくは④の時間帯に参加したんだ。
花子：どの時間帯も，５０分間の講座で，③と④の間は４０分の昼休みをとっていたわね。①と②，②と③，④と⑤の間は１０分ずつあけていたわ。

	講座の時間割	人数
①	9時30分～10時20分	９０
②	10時30分～11時20分	９０
③	11時30分～12時20分	９０
④	13時00分～13時50分	９０
⑤	14時00分～14時50分	９０

表　２年前の理科実験教室の時間割

太郎：理科実験講座の先生に聞いたら，今年の参加者の７２０人を１２０人ずつに分けて，６回に分けて行うそうなんだ。
花子：５回に分けると，１回あたりの人数が１３０人をこえてしまうからなのね。
太郎：講座の間は，昼休みの時間をのぞいて，２年前と同じように１０分ずつ間をあけるそうなんだ。そして，昼休みを２年前よりも４分短くすると，１つの講座を少なくとも４０分より長く行うことができて，講座全体を９時３０分から始めて１５時１０分ちょうどに終わることができるらしいんだ。
花子：講座の時間はすべて同じで，昼休みは３回目の講座が終わった後にとるそうね。１日がんばりましょう。

※

（３）今年の理科実験講座の昼休みは，何時何分から何時何分までになるか答えましょう。どのように求めたかも説明しましょう。

（説明）

時　　　　分　から　　　　　時　　　　分　まで

令和六年度　岡山理科大学附属中学校
一次入学試験（適性検査型）
適性検査Ⅱ（四五分・七〇点）

先生の指示があるまで、この用紙にさわってはいけません。

受験上の注意

1. コートを着たまま受験をしてもよろしい。コートをぬぐ場合は、いすのせもたれにかけましょう。
2. 持ってきた受験票は、机にはってある番号カードの下にはさんでおきましょう。
3. 時計のアラームは切っておきましょう。計算きのついた時計は使えないので、カバンの中にしまいましょう。
4. 机の上には、えん筆（シャープペンシル）数本、けしゴム、を出しておきましょう。必要な人はティッシュペーパーを置いてもかまいません。予備のえん筆や筆ばこ、シャープペンシルのかえしんなどはカバンの中に入れましょう。三角じょうぎ、分度き、下じき、けい光マーカー、辞書機能や電たく、通信機能を持った機器などは使ってはいけません。必要のないものはカバンの中にしまいましょう。
5. 検査の時間割は、受験票に書いてあります。試験の始まりから終わりまで、指示を聞いてから動きましょう。
6. 検査用紙は、この表紙をのぞいて三ページあります。指示があるまで下の検査用紙を見てはいけません。
7. 試験開始の合図があってから、筆記用具を手にしてよろしい。受験番号をそれぞれの検査用紙の上部にある「受験番号」という空らんに記入しましょう。必ず三枚とも記入してください。名前は書いてはいけません。
8. 検査用紙が不足していたり、読みにくかったりしたときは、静かに手をあげて待っていてください。
9. 試験中に机の中のものをさわったり、他の受験生に話しかけたりしてはいけません。机の中のものを使いたいときや質問があるとき、また気分が悪くなったり、トイレに行きたくなったりしたときには、はっきりと手をあげて、先生を呼びましょう。
10. 物を落とした場合は、はっきりと手をあげて先生を呼び、拾ってもらいましょう。落としたものを自分で拾ってはいけません。
11. この検査の時間は四五分です。全部の問題ができても、先生の指示があるまでは、席を立ったり話をしたりしてはいけません。
12. 「終わりの指示」があったら、

① 筆記用具をすぐに机の上に置きましょう。

② 検査用紙を表紙が一番上になるように机の中央において、回収されるまで静かに待ちましょう。

③ 表紙（この用紙）と検査用紙は持ち帰ってはいけません。

※すべての試験が終わるまで、ほかの階に行ったり建物の外へ出たりしてはいけません。

※

※

※

※70点満点
（配点非公表）

受験番号

課題1　次の文章を読んで、あとの(1)から(3)に答えましょう。

現代社会においてはインターネットを中心に大量の情報が出回っています。また、スマートフォンのふきゅうにより、それらの情報にふれることが容易になりました。その結果、*1「情報格差」という言葉が生まれるほど、情報は私たちの人生や知識に広がりをもたらすものとなっています。

ただ、メリットだけではなくデメリットもたくさんあります。情報の発信・受信は今やだれでもできます。そのため、すべてが正しい情報といえるわけではなく、誤った情報や、だれかをだまそうとするような悪意のある情報も無数に存在しているのです。

そこで受信者としても発信者としても複数の能力が必要となります。情報にアクセスする能力、情報を読み解く能力、情報を活用する能力、メディアを通じてコミュニケーションする能力などがそれにあたります。そしてこれらを一言で表した言葉がメディアリテラシーです。メディアリテラシーは今や、学力と同等、いやそれ以上に重要な力と言えるかもしれません。

では、どのようにすればそれらの能力が身につくのか。私が一番大切だと考えるのは、クリティカル・シンキング、つまり批判的思考です。具体的に言うと、物事や情報を疑うことなく受け入れるのではなく、多角的な観点から論理的・客観的に分析《ぶんせき》する考え方です。アまずは疑う姿勢から入れ、ということですね。

「人を疑ってはいけない」と教わった人も多いかも知れません。古くからのことわざで「七度尋《たず》ねて人を疑え」というものもあります。物がなくなったときは、まず自分で何度も探してから人を疑うべきであり、むやみに人を疑ってはいけない、というものです。ただ、このことわざの趣旨である「人を疑え（＝人を簡単に疑うな）」以外にも、イ「七度尋ねて」という表現は注目すべき価値があると思います。ある情報を求めてネット検索《けんさく》した際、最初にアクセスしたページで十分な情報が得られたと思い込む人も多いです。自分の望んでいた情報と一致《いっち》している場合は特に危険です。満足感からそれだけで十分な証拠《しょうこ》が得られたとつい思いこんでしまうというわけです。多角的観点から情報を扱《あつか》うことができなければいけないのが現在の情報社会なのです。

ところで、情報とは決して文字だけではありません。写真や動画、グラフやイラストなどが組み合わさっていることも多いでしょう。*2フェイクニュースは情報自体が嘘《うそ》ですが、なかには嘘ではないが、その作り方によって印象を操作しているものもあります。動画や写真などは切り抜きといって、一部のみを見せることで発信者の意図通りにしか読み取れないようにするものがあります。前後や周辺の情報を調べ、正しい文脈に再構築する力が必要となります。また、次の2つのグラフ（語注の下）を見てください。政治クイズにどれだけ正解できたかの年代別のグラフです。Aのグラフを見ると、若い人よりも高齢者《こうれいしゃ》の方が政治について正しく理解していると感じられませんか。しかし、Bのグラフを見ればどうでしょうか。他にも「いつの」「どこの」「何人を対象とした」「何問出題した」調査なのかも明記されていないことを意識できましたか？これでは「使える情報」とは言えませんよね。これらを見ぬく力もメディアリテラシーなのです。

このように情報を扱う力がなければ、ウ情報の海の中で正しい舵《かじ》取りができないのです。普段《ふだん》の生活や学校の授業などを通じ、批判的思考や多角的思考を身につける訓練をすることが、これからの君たちの将来のために必要となることを覚えておいてください。

（『情報に踊《おど》らされる人々』船津 大祐）

＊1　情報格差・・・情報の恩恵を受けることのできる人とできない人の間に生じる格差。

＊2　フェイクニュース・・・マスメディアやソーシャルメディアなどで、事実とは異なる情報を流すこと。

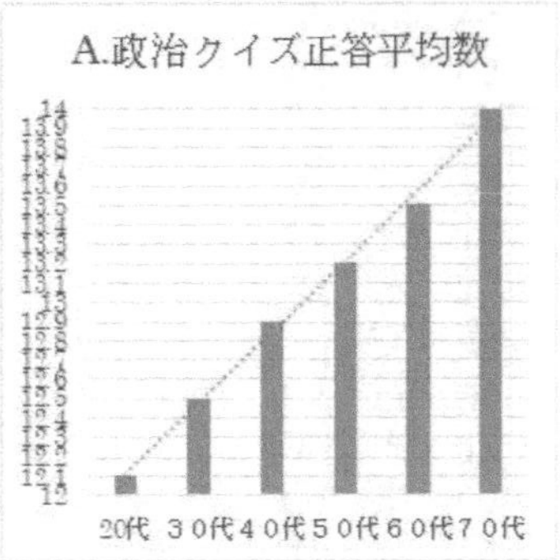

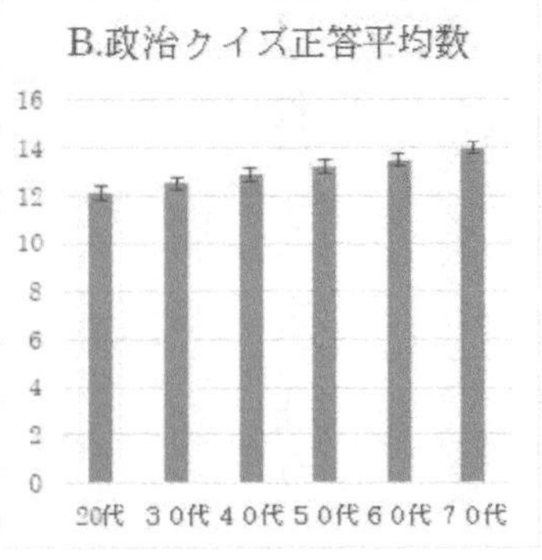

(1)　＝＝＝「発信・受信」とありますが、この2つの単語は対義語（反対語）となります。このように対義語となる漢字二字の熟語の組み合わせを自分で考え、二つ書きましょう。ただし、「発信・受信」は使ってはいけません。また、「信」のように同じ文字は使っても使わなくてもかまいません。

・

・

(2)　――線部ア「まずは疑う姿勢から入れ」とありますが、それはなぜですか。二十字以内で説明しましょう。（、や。や「」なども一字に数えます。）

20字

※ ※ ※ ※ ※ ※

受験番号

(3) この文章を読んだ太郎《たろう》さんたちは、グループで話し合っています。次はそのときの【話し合いの様子の一部】です。これを読んで、あなたが花子《はなこ》さんならどのように話しますか。空らんA、B、Cにその内容を書きましょう。ただし、空らんAは十五字以内、空らんBは二十字以内、空らんCは四十字以内で書きましょう。（、や。や「」なども一字に数えます。）

【話し合いの様子の一部】

太郎　――線部イ「『七度尋ねて』という表現は注目すべき価値がある」とあるけど、インターネットを使って実際に情報を検索する場合に置きかえると具体的にはどういうことになるのかな？

花子　それは、［A］ことをしてから結論づける必要がある、ということだと思うわ。

太郎　それでも情報の中には嘘のものだけでなく、印象操作を目的としたものがあるから怖いね。

次郎《じろう》　うんうん、Aのグラフなんか、俺じゃなきゃ見逃しちゃうね。

花子　ほんとにわかっているのかしら。Aのグラフから読み取れる実際の情報は［B］だと筆者は伝えたいのよ。

太郎　印象操作は簡単にできるんだね。だから、――線部ウ「情報の海の中で正しい舵取り」する力が必要ってことだ。

花子　そうね。つまり、［C］という力を、私たちはこれからちゃんと身につけていかないといけないってことね。

A　十五字

15字

B　二十字

20字

C　四十字

40字

課題2　「言葉は種である」という表現について、あなたはどういう意味だと考えますか。実際の生活の中でそれを感じられる場面を一つ取り上げつつ、二百字以内で書きましょう。（、や。や「」なども一字に数えます。一マス目から書き、とちゅうで行を変えないで、続けて書きましょう。）

100字

200字

受験番号	

※

課題３　みどりさん，あおいさんは，生産と輸送について学習しています。（１）から（３）に答えましょう。

みどり：**資料１**は岡山県のはくさいの生産量の変化と耕地面積の変化を示したグラフ，**資料２**は岡山県の新規就農者数の変化を示したグラフです。**ⓐ<u>平成 29 年を見てみると，耕地面積が多いのに生産量が少ないですね。資料１と資料２は何か関係がありそうです。</u>**

あおい：はくさいだけでなく，他の野菜も同じような状況《じょうきょう》だそうです。

資料１

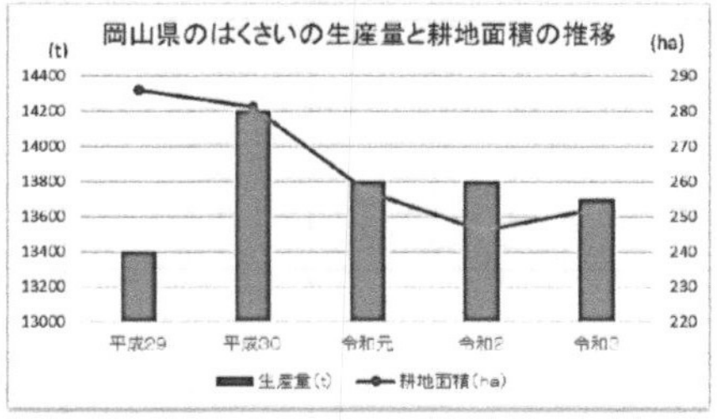

資料２

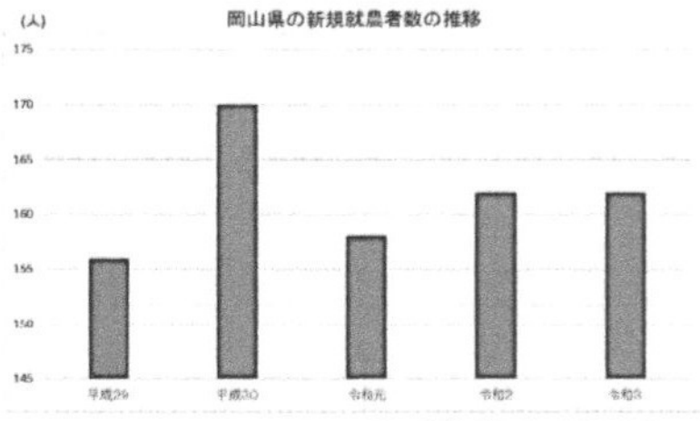

岡山県「農林水産関係の統計データ」より作成

（１）<u>下線ⓐ</u>について，平成 30 年度以降，耕地面積が減ったにも関わらず平成 29 年よりも生産量が多い原因を書きなさい。

※

みどり：野菜を運ぶために，昔は人力で運んでいました。**資料３**は江戸時代の大八車という荷物を運ぶ車で，**資料４**は同じく江戸時代の川で使われた船，川舟《かわぶね》です。大八車は人が一人で運んでいますね。江戸の町では大通りを大八車が行き交っていたそうです。また，昔は町の中に水路がたくさんあって，川舟はそこを通っていたそうです。

あおい：**ⓑ<u>それぞれどのような長所があるでしょうか</u>**。

資料３

資料４

（２）<u>下線ⓑ</u>について，大八車と川舟の，それぞれ長所を書きなさい。

※

みどり：ちかごろ，バスや電車の路線をはい止するというニュースを見ました。利用者が少なくなって，採算が合わないことが原因のようです。運転手さんの健康や運転の安全を守るために，運行する本数を減らす予定もありますね。

あおい：**資料５**は，私たちが利用する駅の利用者数と時間帯，**資料６**は電車の運転士さんと利用者の声です。**ⓒ<u>どのような運行にすればみんなが困らないか</u>**，考えてみましょう。

資料５

時間帯	電車の本数	1時間あたりの利用者数	利用する目的
6~7時	1	5	仕事に行く
7~8時	3	60	仕事に行く 学校に登校する
8~9時	3	45	仕事に行く 幼稚園に行く
9~10時	2	7	買い物に行く
10~11時	2	8	買い物に行く 友だちに会いに行く
11~12時	2	20	大きな町に用事があって行く 買い物に行く
12~13時	1	10	午後から仕事に行く 午前中仕事をした帰りに利用する

資料６　電車の運転士や利用者の声

運転士	私たち運転士は3時間運転したら、休けいをとらねばなりません。
住民1	年寄りなので、運転めんきょは返してしまいました。電車に乗らないと、買い物に行けません。11時からの特売に間に合いたいです。
住民2	利用者が少ないのが根本的な問題です。午前の利用者は、駅から乗る人が多いので、駅に下りる人が増えて欲しいです。この駅の近くには広い土地があるので有効活用してもらいたいですね。
住民3	電車は通学に使っています。最大50人乗れるバスは1時間に1本しかないので、電車に乗っています。

（３）<u>下線ⓒ</u>について，（１）全員が困らないように電車の本数を減らすとすると，どの時間帯をどのように減らせばよいか，実際に計算をして答えると共に，（２）電車の本数を減らさないために他に何ができるか，考えなさい。

※

（１）電車の本数

（２）他にできること

令和六年度　岡山理科大学附属中学校

一次入学試験　選択教科型　（国　語）

先生の指示があるまで、この用紙にさわってはいけません。

受験上の注意

1. コートを着たまま受験をしてもよろしい。コートをぬぐ場合は、いすのせもたれにかけておきましょう。
2. 持ってきた受験票は、机にはってある受験番号ふだの下にはさんでおきましょう。
3. 時計のアラームは切っておきましょう。計算機のついた時計は使えないので、カバンの中にしまいましょう。けいたい電話は、今日の試験が終わるまで電げんスイッチを切り、上着ではなくカバンの中に入れておきましょう。
4. 机の上には、えん筆（シャープペンシル）数本、けしゴム、単機能の時計と受験票を置きましょう。ティッシュペーパーが必要な場合は置いてもかまいません。下じきは原則として使ってはいけません。けい光マーカー、辞書機能を持った機器などは使用できません。筆ばこ、シャープペンシルのかえしんも、机の上には置けません。必要のないものはカバンの中にしまいましょう。
5. 試験の時間割は、受験票に書いてあります。試験の始まりから終わりまで、指示を聞いてから動きましょう。
6. 問題用紙は、表紙（この用紙）をのぞいて四ページあります。解答用紙は一番下の一ページです。指示があるまで、下の問題用紙を見てはいけません。
7. 解答用紙が一番下にとじてあるので，試験開始の指示があってから，問題用紙からていねいにはずしましょう。問題用紙のホッチキスは試験中にすべてはずしてもかまいません。
8. 試験開始の指示があってから、筆記用具を手にしてよろしい。受験番号を解答用紙の右上にある受験番号という空らんに記入しましょう。名前は書かないようにしましょう。答えは解答用紙に書きましょう。
9. 問題用紙と解答用紙の枚数が不足していたり、やぶれていたり、印刷のわるいところがあったりしたときは、静かに手をあげて先生に知らせてください。
10. この試験の時間は三十五分間です。問題をよく見て，できるものから取りかかりましょう。
11. 解答用紙の解答らんにある※のついた□のわくの中には、何も書かないでください。
12. 試験中に机の中のものをさわったり、他の受験生に話しかけたりしてはいけません。机の中のものを使いたいときや質問があるとき、また気分が悪くなったり、トイレに行きたくなったりしたときには、はっきりと手をあげて、先生を呼びましょう。
13. 物を落とした場合は、はっきりと手をあげて先生を呼び、拾ってもらいましょう。落としたものを自分で拾ってはいけません。
14. 全部の問題ができても、先生の指示があるまでは、席を立ったり話をしたりしてはいけません。
15. 「終わりの指示」があったら、
　① 筆記用具をすぐに机の上に置きましょう。
　② 解答用紙は表を上にして机の中央において、回収するまで静かに待ちましょう。
　③ 問題用紙を、机の中にしまいましょう。休けい時間になったら問題用紙はカバンの中に入れましょう。

※すべての試験が終わるまで、ほかの階に行ったり建物の外へ出たりしてはいけません。

国語

次の[一]、[二]の文章をよく読み、あとの問題1～12に答えなさい。

[一]

昔は、辞書というものが今ほど一般的ではなかっただろう。※1編纂《へんさん》することも難《むずか》しいし、印刷して安く①ハイフする技術もなかった。だから、a「歩く辞書」的な人が重宝《ちょうほう》された。

[い]、頭の中に知識《ちしき》を※2インプットするのは何故《なぜ》だろう？どうして頭の中に入れなければならないのか。それは、咄嗟《とっさ》のときに辞書など引いていられなかったり、人にきくことがアできない環境であれば、頭に※3ストックしている価値《かち》がある。今は、みんながスマホを持っていて、なんでも②手軽に検索《けんさく》できるのだから、この価値は下がっているだろう。

であれば、苦労して覚えなくても、ただ辞書を買って持っていれば良いではないか、という話になる。ネットに依存《いそん》している現代人の多くが、これに近い方針《ほうしん》で生きているようにも見えてしまう。

[ろ]、そうではない。b知識を頭の中に入れる意味は、その知識を出し入れするというだけではないのだ。頭の中で考えるときに、この知識が用いられる。じっくりと時間をかけて考えるならば、使えるデータがイないかと外部のものを参照できるし、人にきいたり議論《ぎろん》をすることもできるが、一人で頭を使う場合には、そういった外部に頼《たよ》れウない。

[は]、どんなときに一人で頭を使うのだろうか？

それは、「思いつく」ときである。

ものごとをc発想するときは、自分の頭の中からなにかが湧《わ》いてくる。これは、少なくともインプットではない。ただ、言葉としてすぐに外に出せるわけでもなく、※4アウトプットの手前のようなものだ。面白《おもしろ》いアイデアが思い浮かんだり、問題を解決する糸口のようなものを思いついたりする。このとき、まったくゼロの状態から信号が発生する、とは考えられエない。そうではなく、現在か過去にインプットしたものが、頭の中にあって、そこから、どれかとどれかが結びついて、ふと新しいものが生まれるのである。

一般に、アイデアが豊かな人というのは、なにごとにも③興味を示す、好奇心旺盛《こうきしんおうせい》な人であることが多い。これは、日頃《ひごろ》からインプットに[X]だということだ。[に]、だからといって、本を沢山《たくさん》読んでいれば新しい発想が湧いてくるのか、というとどうもそれほど簡単《かんたん》ではない。おそらく、それくらいのことは、ある④テイド長く人生を歩んできた人ならご存《ぞん》じだろう。

いずれにしても、いつでも検索できるのだからと頭の中に入れずにいる人は、このような発想をしオない。やはり、自分の知識、あるいはその知識から自身が⑤コウチクした理屈《りくつ》、といったものがあって、d初めて生まれてくるものだ。そういう意味では、頭の中に入れてやることには意味がある。テストに出るからとか、知識を人に語れるからとか、そういった理由以上に、頭の中に入った知識は、重要な人間の能力の一つとなるのである。

また、発想というのは、連想から生まれることが多い。これは、[Y]な関連ではなく、なんとなく似ているものなどから引き出される。現在受けた刺激《しげき》に対して、「なにか似たようなものがあったな」といった具合《ぐあい》に※5リンクが引き出される。人間の頭脳《ずのう》には、これがかなり頻繁《ひんぱん》にあるのではないか、と僕《ぼく》は感じている。

（国語の問題一）

二

[1]現代は、旅行にいかなくても、TVやネットを通して、世界中の情報《じょうほう》にアクセス※6できるので、日常から離《はな》れた刺激は、選《よ》り取《ど》りみどりである。ところが、たとえば、TVであれば、毎日、毎週、同じ番組を見て、ぼんやりと時間を過ごすようになって、結局はそれが日常になってしまう。日常になれば、刺激は薄《うす》くなる。薄くなったと、おそらく自覚できるだろう。「ああ、なんか面白いことがないかな」と欠伸《あくび》をしたくなる気持ちこそが、誰《だれ》にでも備わっている人間の好奇心の発動といえるだろう。

[2]連想のきっかけとなる刺激は、日常から離れたインプットの量と質に依存している。そして、その種のインプットとして最も効率が良いのが、おそらく読書だ、と僕は考えているのだ。

[3]読書以外にももちろんある。僕の場合は、自然の観察や、手を使った工作なども、ほとんど同じくらい刺激がある。これは個人差があるだろう。電車に乗って、車窓《しゃそう》の流れる風景を眺《なが》めているときも、いろいろ思いつくが、目で見ている数々のもの、街や村、看板《かんばん》、人々、コウ造物、地形なども刺激になるようだ。

[4]しかし、誰にでも共通して効果があるのは、やはり読書だと思う。それは、そこにあるものが、人間の個人の頭から出てきた言葉であり、その集合は、人間の英知の結晶《けっしょう》だからである。本には、日常から距離《きょり》を取る機能がある。本を開き、活字を読み始めるだけで、一瞬《いっしゅん》にして遠くまで行ける感覚がある。時間を遡《さかのぼ》ることも容易だし、自分以外の人物の視点《してん》でものを見ることもできる。経験したことのない感情も知ることができるし、人の思考の流れを辿《たど》ることだってできる。

[5]「わからない」ということを体験できるのも、本の特徴《とくちょう》である。たとえば、小さい子供《こども》は相対性理論の本を読んでもわからないはずである。しかし、落胆《らくたん》することはない。「わからない」ということがわかったのだ。それだけでも読んだ価値がある。自分にはわからないことがこの世界にある、と知ることができた。知っていてもわからないことがある、ということを理解したのである。もしこれがなければ、勉強しようとも思わないだろう。なんとかわかりたい、近づきたいと感じるとすれば、貴重《きちょう》な動機を得られたといえる。

（出題の都合上一部カナ表記にしたところがある）

（森博嗣『読書の価値』による）

※1編纂…いろいろな材料を集めて整理し、一つの書物にまとめること。
※2インプット…入力。知識や経験を身につけたり吸収したりすること。
※3ストック…ものを蓄《たくわ》えておくこと。
※4アウトプット…出力。インプットしたものを発揮《はっき》したり活《い》かしたりすること。
※5リンク…ここでは、結びつけられた別の情報のありか。　※6アクセス…接続。接近。

問題1　━━線①④⑤のカタカナを漢字で、②③の漢字の読みをひらがなで、それぞれ書きなさい。

①　ハイフ　②　手軽　③　興味　④　テイド　⑤　コウチク

問題2　~~~~線a「歩く辞書」と意味の上で関係のない言葉が、次のア～オの中に一つだけあります。それはどれですか。適切なものを一つ選んで、記号で答えなさい。

ア　物知り　イ　生き字引《じびき》　ウ　教養人　エ　名人　オ　博学

（国語の問題二）

問題3 [い]〜[に]に当てはまるつなぎ言葉を、次のア〜エの中から一つずつ選んで、記号で答えなさい。なお、記号は一回しか使えないものとします。

ア では　イ そもそも　ウ しかし　エ ただ

問題4 ━━線ア〜オの「ない」の中で一つだけ他と意味が違っているものがあります。それはどれですか。適切なものを一つ選んで、記号で答えなさい。

問題5 〜〜線b「知識を頭の中に入れる意味」とあるが、なぜ知識を頭に入れなければならないのか、[一]全体を通して筆者が言おうとしていることに当てはまるものを、次の①〜④の中から一つ選んで記号で答えなさい。

① 一人で物事を発想したり、新しいものを生み出したりするときに取り出して使うため。

② 辞書がなかったり、人に聞くことが出来なかったりする場面に備えるため。

③ 現代社会ではみんながスマホを持っていて、すばやく検索する必要性が高まっているから。

④ 人と協力して何かをする時に、議論を深めたり相手をなっとくさせたりするのに役立つから。

問題6 〜〜線c「想」と同じ部首の漢字を、次のア〜エの中から一つ選んで、記号で答えなさい。

ア 愛　イ 箱　ウ 照　エ 眠

問題7 [x]と[Y]に当てはまる適切な言葉を次のア〜カの中から一つずつ選んで、記号で答えなさい。

ア 友好的　イ 積極的　ウ 消極的　エ 直接的　オ 間接的　カ 感覚的

問題8 〜〜線d「初めて生まれてくるものだ。」について、筆者は何が初めて生まれてくると考えていますか。[一]の文中から五文字でぬき出して答えなさい。

問題9 左の文章は、[二]からぬき出したものです。どの段落のあとにあると考えられますか。[1]〜[5]の段落番号で答えなさい。

> 難しい本を読むと、意味が分からないことがある。文章としては読めるし、一つ一つの単語は知っているものなのに、その論理展開《ろんりてんかい》についていけない。何を言っているのか、と文章を読み直すことがあるだろう。

（国語の問題三）

問題１０　文章を読んだ四人（Ａ～Ｄさん）が話し合っています。正しく本文の内容をとらえていないのはどれですか。一つを選んで記号で答えなさい。

Ａさん…「知識を頭の中に入れていなくても、今はみんながスマホやパソコンで手軽に検索できるから、差し当たっては困らないかもしれないね。でも、それだと自分のあたまで何かを考え出すための発想力はつかないよ。」

Ｂさん…「私は異世界を舞台にした物語が好きだから、二の『一瞬にして遠くまで行ける感覚』というのはよくわかる。日常から離れれば離れるほど刺激的だし、本の中ならいろいろな世界を体験できるわ。」

Ｃさん…「でも読書よりもＴＶの方が日常から離れたインプットができるよね。毎日、毎週、同じＴＶ番組を見るのではなくて、いろいろな種類の番組を見ることが大事ということだよ。そうすることで読書よりも深く『わかる』ことができるはずだよ。」

Ｄさん…「ぼくは、この文章を読む前は、読書は『わかる』ためにするものだと思っていたよ。だから、読んでも『わからない』ことがあれば自分の理解力のなさにがっかりした。でも、この文章を読んで『わからない』体験をしたことにも価値があるとわかったよ。」

問題１１　リカ子さんは二の文中の「連想のきっかけとなる刺激」について、その特徴を左のような表にして整理しました。（ア）～（ウ）に当てはまる三字以内の言葉を考えて表を完成させましょう。

	連想のきっかけとなる刺激の特徴
1	インプットが（　ア　）から（　イ　）るほど強くなる。
2	目で見るものや、手を使う体験によっても得られる。
3	（　ウ　）がある

問題１２　あなたは、読書を通じてどのような「連想」や「発想」をしたことがありますか。あなた自身の経験について説明しなさい。ただし、次の条件にしたがうこと。

条件１　どのような本を読んだのか示すこと。
条件１　「連想」または「発想」という言葉をつかうこと。
条件２　八〇〇字以上一〇〇〇字以内で書くこと。（最初のマス目から書き始める。）

（国語の問題四）

令和６年度　岡山理科大学附属中学校
一次入学試験　選択教科型　（算　数）

先生の指示があるまで，この用紙にさわってはいけません。

受験上の注意

1. コートを着たまま受験をしてもよろしい。コートをぬぐ場合は，いすのせもたれにかけておきましょう。
2. 持ってきた受験票は，机にはってある受験番号ふだの下にはさんでおきましょう。
3. 時計のアラームは切っておきましょう。計算きがつかえる時計（スマートウォッチなど）は使えないので，カバンの中にしまいましょう。けいたい電話は，今日の試験が終わるまで電げんスイッチを切り，上着ではなくカバンの中に入れておきましょう。
4. 机の上には，えん筆（シャープペンシル）数本，けしゴム，直定規，コンパス，単機能の時計と受験票を置きましょう。ティッシュペーパーが必要な場合は置いてもかまいません。下じきは原則として使ってはいけません。三角定規，分度器，けい光マーカー，計算や辞書機能を持った機器などは使用できません。筆ばこ，シャープペンシルのかえしん，コンパスの入れ物も机の上には置けません。必要のないものはカバンの中にしまいましょう。
5. 試験の時間割は，受験票に書いてあります。試験の始まりから終わりまで，指示を聞いてから動きましょう。
6. 問題用紙は，表紙（この用紙）をのぞいて4ページあります。解答用紙は一番下の１ページです。指示があるまで，下の問題用紙を見てはいけません。
7. 解答用紙が一番下にとじてあるので，試験開始の指示があってから，問題用紙からていねいにはずしましょう。問題用紙のホッチキスは試験中にすべてはずしてもかまいません。
8. 試験開始の指示があってから，筆記用具を手にしてよろしい。受験番号を解答用紙の左上にある受験番号という空らんに記入しましょう。名前は書かないようにしましょう。答えは解答用紙に書きましょう。
9. 問題用紙と解答用紙の枚数が不足していたり，やぶれていたり，印刷のわるいところがあったりしたときは，静かに手をあげて先生に知らせてください。
10. この試験の時間は35分間です。問題をよく見て，できるものから取りかかりましょう。
11. 解答用紙の解答らんの横にある※のついた□のわくの中には，何も書かないでください。
12. 試験中に机の中のものをさわったり，他の受験生に話しかけたりしてはいけません。机の中のものを使いたいときや質問があるとき，また気分が悪くなったり，トイレに行きたくなったりしたときには，はっきりと手をあげて，先生を呼びましょう。
13. 物を落とした場合は，はっきりと手をあげて先生を呼び，拾ってもらいましょう。落としたものを自分で拾ってはいけません。
14. 全部の問題ができても，先生の指示があるまでは，席を立ったり話をしたりしてはいけません。
15. 「終わりの指示」があったら，
　① 筆記用具をすぐに机の上に置きましょう。
　② 解答用紙は表を上にして机の中央において，回収するまで静かに待ちましょう。
　③ 問題用紙を，机の中にしまいましょう。休けい時間になったら問題用紙はカバンの中に入れましょう。

※すべての試験が終わるまで，ほかの階に行ったり建物の外へ出たりしてはいけません。

令和6年度　一次入学試験　選択教科型　算数　問題用紙

1　次の (1) ～ (6) の計算をして，答えを書きなさい。

(1)　$8+4\times6-2$

(2)　1.6×1.9

(3)　$48\div12\div4$

(4)　$1.6+6\frac{1}{2}-4\frac{3}{10}$

(5)　$\frac{7}{10}\times1\frac{2}{3}-\{1.2-(1.5-0.7)\}\div\frac{14}{5}$

(6)　$23\times102+23\times18-23\times20$

2　次の (1)～(4) の問いに答えなさい。

(1)　まなぶさんの国語と算数の平均点は 89 点，国語と理科の平均点は 91.5 点，算数と理科の平均点は 89.5 点でした。算数の点数は何点か答えなさい。

(2)　ひろしさんは，1冊の本を読んでいます。1日目に全体の $\frac{3}{8}$ を読み，2日目に残りの $\frac{1}{5}$ を読み，3日目に2日目の残りの $\frac{1}{2}$ を読むと，60 ページ残りました。
この本のページ数を答えなさい。

(3)　右の図のように，半径 6 cmの円の $\frac{1}{4}$ の部分を 3 等分したものである。しゃ線部分の面積を答えなさい。
ただし，円周率は 3.14 とします。

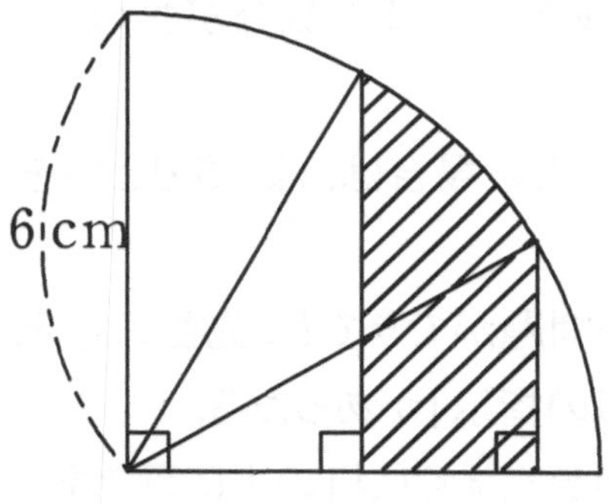

(4)　1から100までの100 個の整数があります。それぞれの整数について，各位の数の積を考えます。例えば，5なら5，12なら2，55なら25，100なら0です。これら100個の積の和を答えなさい。

3　下の図のように，図 1 では 4 つ，図 2 では 6 つ，図 3 では 8 つ，丸椅《い》子《す》を四角テーブルのまわりに置いていく。このようにして並べる四角テーブルと丸椅子の数を増やしていくとき，次の(1) ～ (3) の問いに答えなさい。

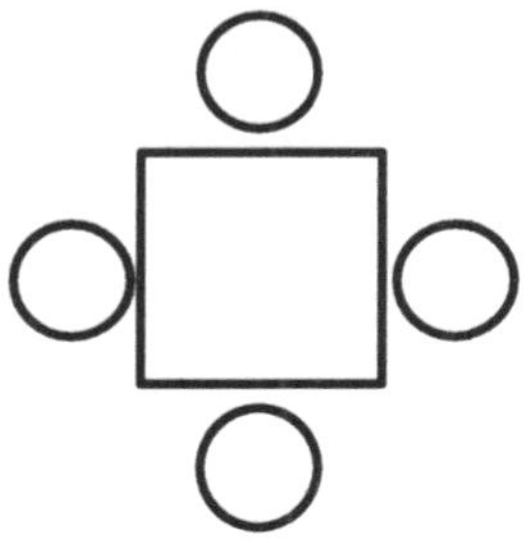

図 1

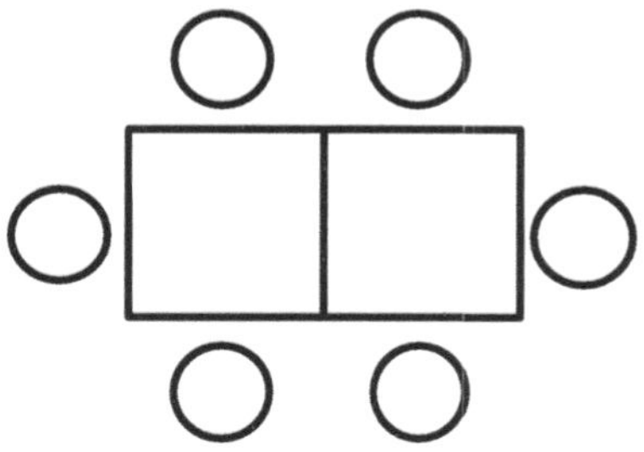

図 2

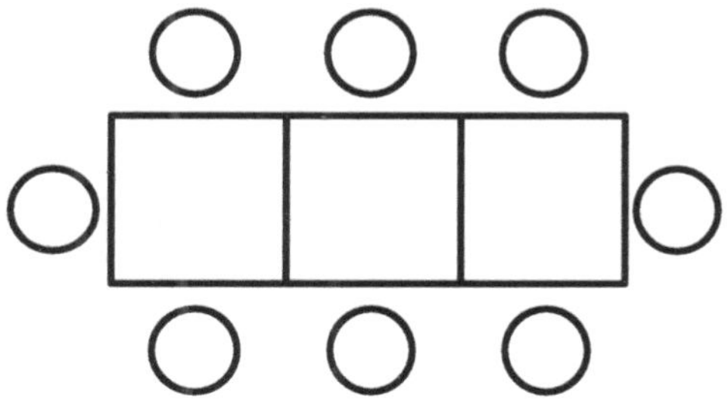

図 3

(1)　四角テーブルを 7 つ並べるといくつの丸椅子が置かれているか答えなさい。

(2)　この丸椅子に人が座っていくとき，161人が座るには，四角テーブルがいくつ必要か答えなさい。

(3)　ここで図 4 のように，四角テーブルのさかい目のところにも丸椅子を置いていきました。
この丸椅子の置きかたにしたとき，161人が座るには，四角テーブルがいくつ必要か答えなさい。

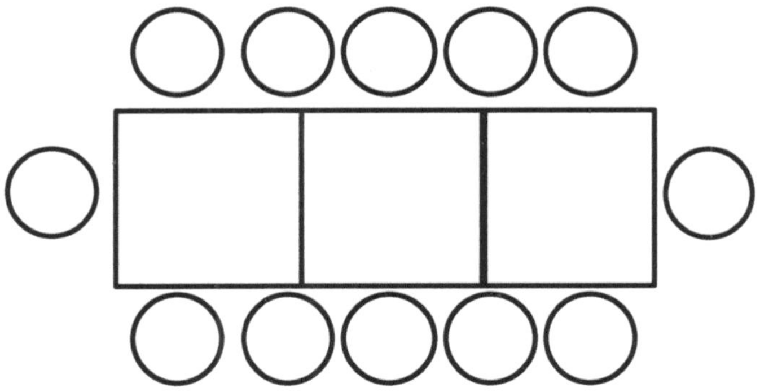

図 4

4　ひろしさんとまなぶさんは、マラソン大会にむけて、マラソンのコースの下見に行きました。マラソンのコースはスタート地点からゴール地点まで10 kmはなれています。ひろしさんはスタート地点からゴール地点へ、まなぶさんはゴール地点からスタート地点へ向けて同時刻に出発しました。2人とも同じ道を通って、それぞれ一定の速さで1往復するものとします。2人はまず途中のA地点で出会い、さらにその1時間40分後にA地点から2 kmだけ スタート地点に近いB地点で2人は再び出会いました。
このとき次の(1)～(3)の問いに答えなさい。

(1)　2人の速さの和は毎時何kmになるか答えなさい。

(2)　2人が最初にA地点で出会うのは、出発してから何分後になるか答えなさい。

(3)　ひろしさんとまなぶさんの速さは、それぞれ毎時何kmになるか答えなさい。

5　下の図のように，図 1 は，半径 2 cm，高さ 2 cm，図 2 は，半径 1 cm，高さ2 cm，の円柱があります。次の(1) ～ (3)の問いに答えなさい。ただし，円周率は 3.14 とします。

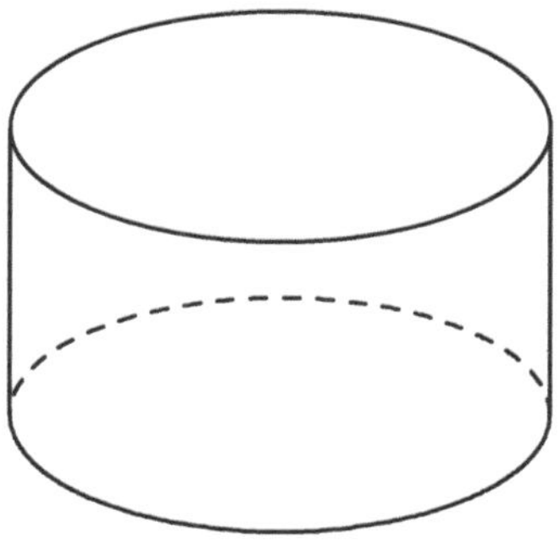

図 1

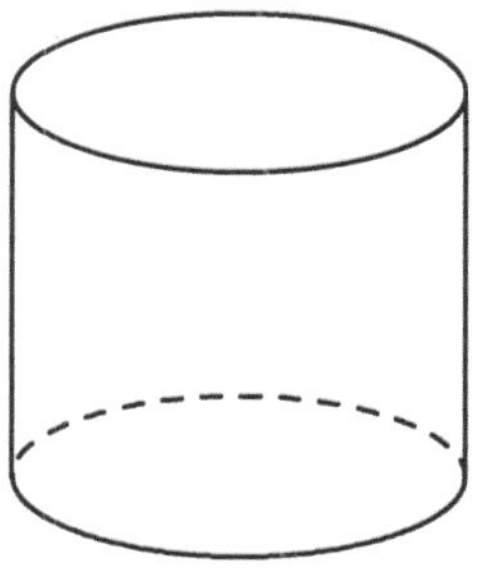

図 2

(1)　図 1 の円柱の体積と表面積を求めなさい。

(2)　図 3 のように，図 1 の円柱と図 2 の円柱を重ねた立体の表面積を求めなさい。

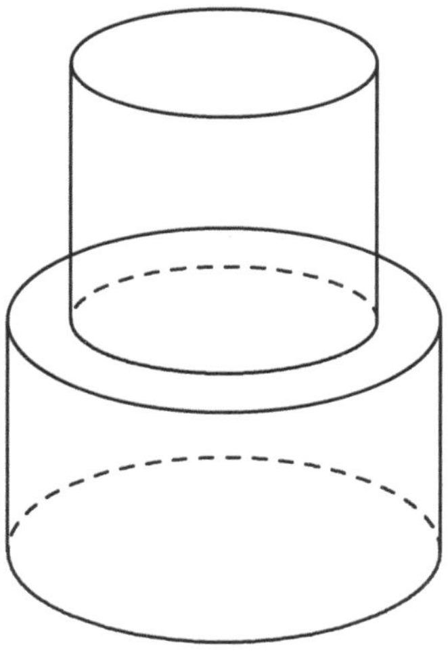

図 3

(3)　図 4 のように，図 1 の円柱と図 2 の円柱を中心を通り真っ二つに切った立体を重ねました。この図 4 の立体の表面積を求めなさい。

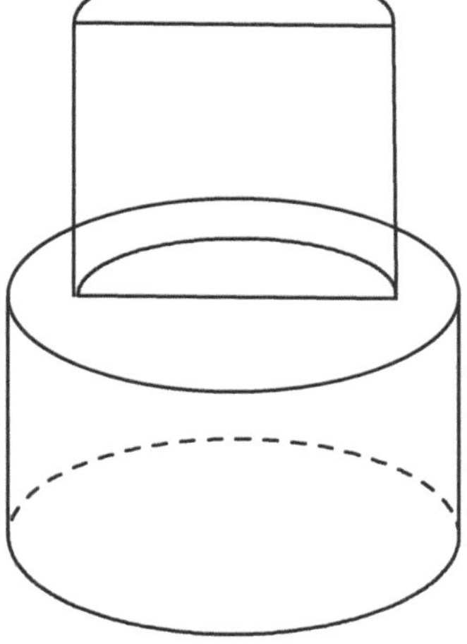

図 4

令和６年度　岡山理科大学附属中学校
一次入学試験　選択教科型　（理　科）

先生の指示があるまで，この用紙にさわってはいけません。

受験上の注意

1．コートを着たまま受験をしてもよろしい。コートをぬぐ場合は，いすの**せもたれ**にかけておきましょう。
2．持ってきた受験票は，机にはってある受験番号ふだの下にはさんでおきましょう。
3．時計のアラームは切っておきましょう。計算機のついた時計は使えないので，カバンの中にしまいましょう。けいたい電話は，今日の試験が終わるまで電げんスイッチを切り，上着ではなくカバンの中に入れておきましょう。
4．机の上には，えん筆（シャープペンシル）数本，けしゴム，直定規，単機能の時計と受験票を置きましょう。ティッシュペーパーが必要な場合は置いてもかまいません。下じきは原則として使ってはいけません。筆ばこ，シャープペンシルのかえしん，三角定規，分度器，けい光マーカー，計算や辞書機能を持った機器などは使用できません。必要のないものはカバンの中にしまいましょう。
5．試験の時間割は，受験票に書いてあります。試験の始まりから終わりまで，指示を聞いてから動きましょう。
6．問題用紙は，表紙（この用紙）をのぞいて４ページあります。解答用紙は一番下の１ページです。指示があるまで，下の問題用紙を見てはいけません。
7．解答用紙が一番下にとじてあるので，試験開始の指示があってから，問題用紙からていねいにはずしましょう。問題用紙のホッチキスは試験中にすべてはずしてもかまいません。
8．試験開始の指示があってから，筆記用具を手にしてよろしい。受験番号を解答用紙の左上にある受験番号という空らんに記入しましょう。名前は書かないようにしましょう。答えは解答用紙に書きましょう。
9．問題用紙と解答用紙の枚数が不足していたり，やぶれていたり，印刷のわるいところがあったりしたときは，静かに手をあげて先生に知らせてください。
10．この試験の時間は３５分間です。問題をよく見て，できるものから取りかかりましょう。
11．解答用紙の解答らんの横にある※のついた□のわくの中には，何も書かないでください。
12．試験中に机の中のものをさわったり，他の受験生に話しかけたりしてはいけません。机の中のものを使いたいときや質問があるとき，また気分が悪くなったり，トイレに行きたくなったりしたときには，はっきりと手をあげて，先生を呼びましょう。
13．物を落とした場合は，はっきりと手をあげて先生を呼び，拾ってもらいましょう。落としたものを自分で拾ってはいけません。
14．全部の問題ができても，先生の指示があるまでは，席を立ったり話をしたりしてはいけません。
15．「終わりの指示」があったら，
　①　筆記用具をすぐに机の上に置きましょう。
　②　解答用紙は表を上にして机の中央において，回収するまで静かに待ちましょう。
　③　問題用紙を，机の中にしまいましょう。休けい時間になったら問題用紙はカバンの中に入れましょう。

※すべての試験が終わるまで，ほかの階に行ったり建物の外へ出たりしてはいけません。

理　科

1　水にものがとけた液のことを水よう液といいます。水の量によってとかすことができる量は異なります。また食塩と硝《しょう》酸カリウムでは同じ温度でも同じ量の水にとかすことができる量は異なります。20℃の水100 gに硝《しょう》酸カリウムをとかしていくと32 gまでとかすことができます。図1は，水100 gにとける食塩および硝《しょう》酸カリウムの量〔g〕と温度の関係を示しています。

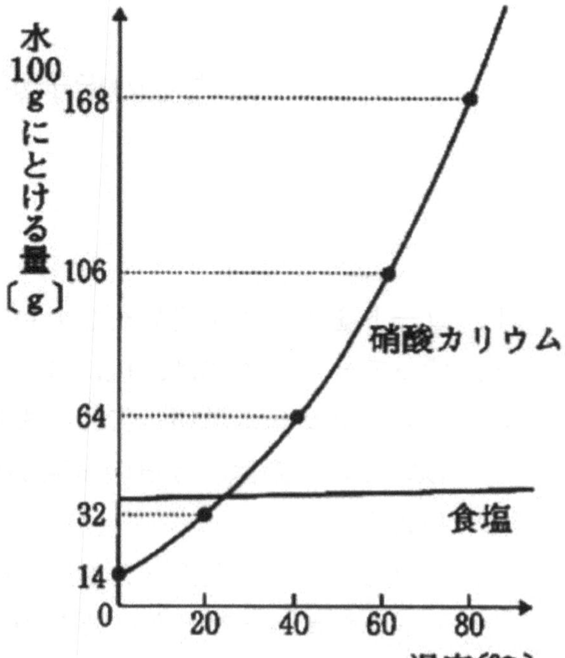

図1

(1)　40℃の水100 gに硝《しょう》酸カリウムを限界までとかしたときの水よう液の重さを答えなさい。

(2)　水にものがとけるというのは，どういう状態か説明しなさい。

(3)「とける」にはもう1つの意味があります。次の文章にあてはまる語句（すがたを表すことば）を答えなさい。

（ ① ）があたためられて（ ② ）に変化する。

実験　80℃の水300 gが入ったビーカーに，硝《しょう》酸カリウム515 gをとかし入れ，温度を保ちながらよくかき混ぜました。ビーカー内にあるとけ残りを取り出し，とけ残りと水よう液に分けました。$_1$とけ残りを乾燥《かんそう》させて重さをはかりました。とけ残りを取り除いた水よう液を40℃に保ち続けたところ，$_2$水よう液中から結晶《けっしょう》（きそく正しい形をしたつぶ）が出てきました。

(4)　下線部1のとけ残りの重さ〔g〕は何gですか，答えなさい。

(5)　下線部2で出てきた結晶《けっしょう》（きそく正しい形をしたつぶ）の重さ〔g〕を求めなさい。

2 太朗さんと次朗さんは水田や草原の生物の食べる・食べられるの関係を調べたら，図 2 のようになりました。矢印→は食べる・食べられるの関係を表しています。例えば，ネズミ→ヘビの矢印は，ネズミがヘビに食べられることを意味します。

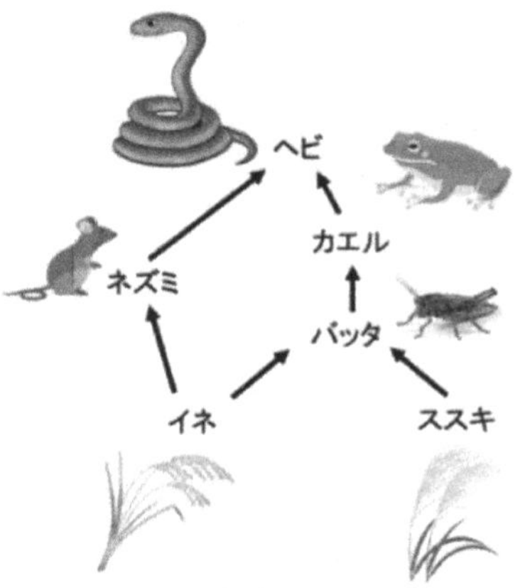

図 2

(1) 生物の食べる・食べられるの関係を何といいますか。

(2) ある場所には，図 2 の 6 種類の生物しかいないとして，ヘビが増えると，必ず増える生物をヘビ以外の 5 種類から 1 つ選び，答えなさい。

(3) 太朗さんと次朗さんは，いろいろな生物の食べる・食べられるの関係を調べたら，図 3 の①～③のような関係や④～⑥のような関係が多くあることを発見しました。図 3 の①が③を多く食べると，②の③を食べる分が少なくなります。②が③を多く食べると，①の③を食べる分が少なくなります。①の個体の数が時間経過とともに減っていく時の②の個体の数についての，グラフをつくりました（図 4）。③の個体がいなくならない場合，②の個体の数をあらわす線を，図 4 のア～エの中から 1 つ選び，記号で答えなさい。なお縦じくを②の個体の数，横じくに時間を表しています。

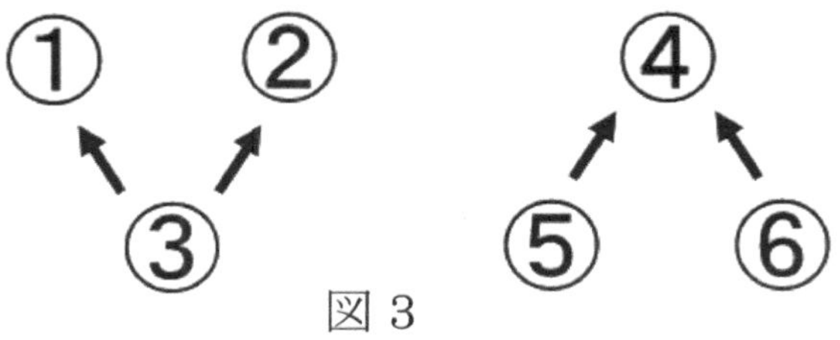

図 3

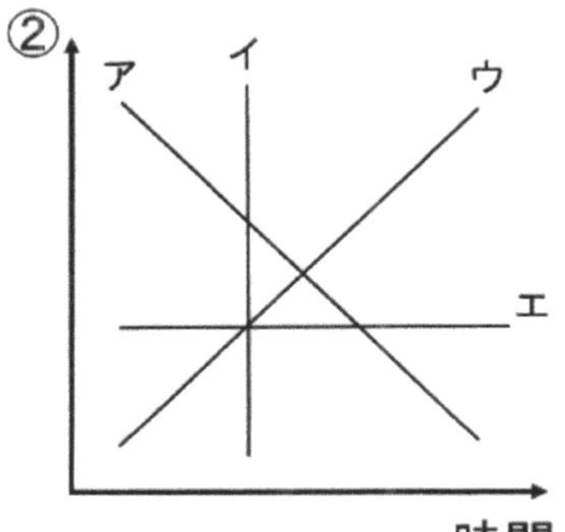

図 4

(4) 図 3 の④が⑤を多く食べると，④に食べられる⑥の量は減ります。④が⑥を多く食べると，④に食べられる⑤の量は減ります。⑥が④に食べられない時の⑤の個体の数についての，グラフをつくりました（図 5）。始めに⑤の個体の数が十分にいる時の⑤の個体の数をあらわす線を，図 5 のア～エの中から 1 つ選び，記号で答えなさい。なお縦じくを⑤の個体の数，横じくに時間を表しています。

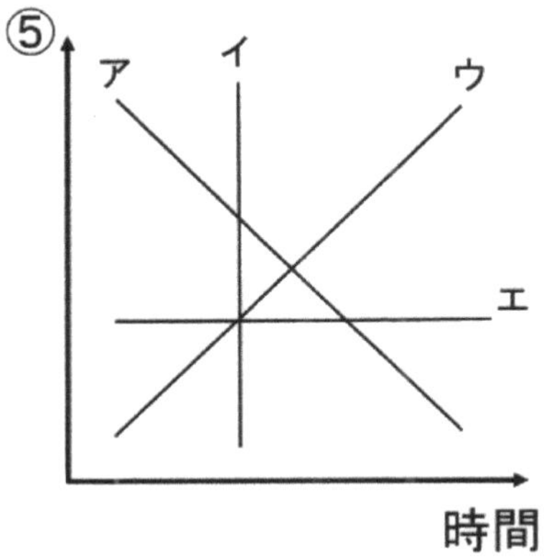

図 5

(5) 図 2 の関係の中でカエルがいなくなるとネズミの数はどうなっていきますか。理由も含《ふく》めて答えなさい。

3 タカオくんとユウコさんは夏休みの自由研究でふり子の往復時間を調べました。以下の問いに答えなさい。

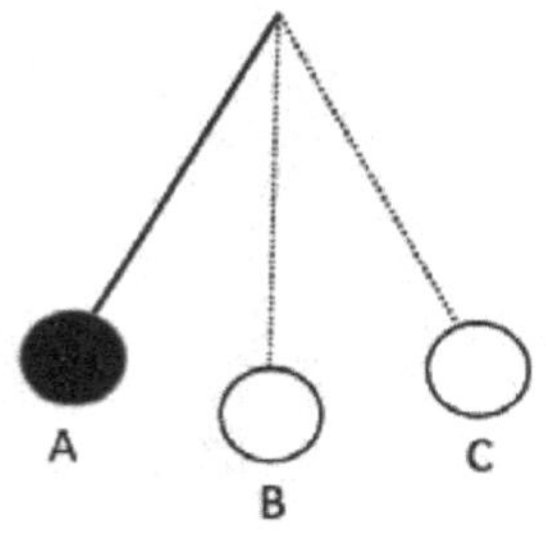

図 6

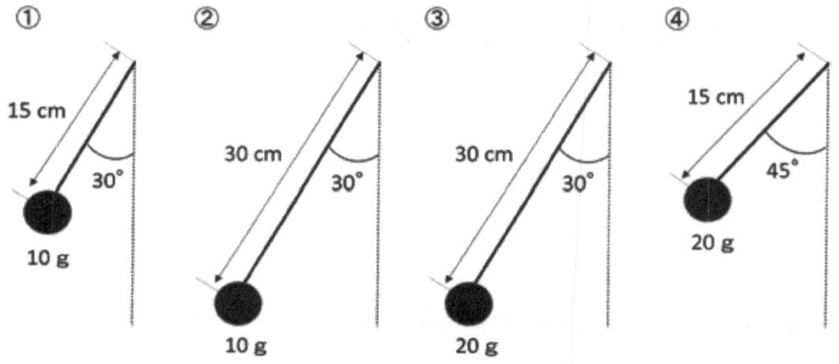

図 7

（1） 図6のように，糸のはしにおもりをつけ，もう一方のはしを固定して，おもりを A の位置まで持ち上げて静かにはなすと，おもりは A→B→C→B→A→・・・と動き，A と C の間を往復します。ふり子が 1 往復する時間は何によって変わるかを調べる実験をするために，図 7 のような条件を用意しました。1 往復が，ふり子の長さによって変わるかを調べるためには，図 7 のどれとどれを比べますか。図の①〜④から選び，記号で答えなさい。（複数ある場合は 1 つでよい。）

（2） 1 往復が，おもりの重さによって変わるかを調べるためには，図 7 のどれとどれを比べますか。図の①〜④から選び，記号で答えなさい。（複数ある場合は 1 つでよい。）

（3） ふり子の 1 往復にかかる時間を調べるために，タカオくんとユウコさんは 1 往復ではなく，10 往復にかかる時間を測定しました。なぜ 10 往復する時間を測定するのか，その理由を説明しなさい。

（4） タカオくんはふり子のおもりを見ていると球体に興味を持ちました。金属の輪をぎりぎり通ることができる金属球を準備し，図 8 のように組み合わせた。タカオくんは金属の輪だけを加熱をした。加熱をすると金属球の通り方はどのようになりますか。次のア〜ウから 1 つ選び，記号で答えなさい。

ア　通らなくなる　　イ　通りやすくなる　　ウ　変わらない

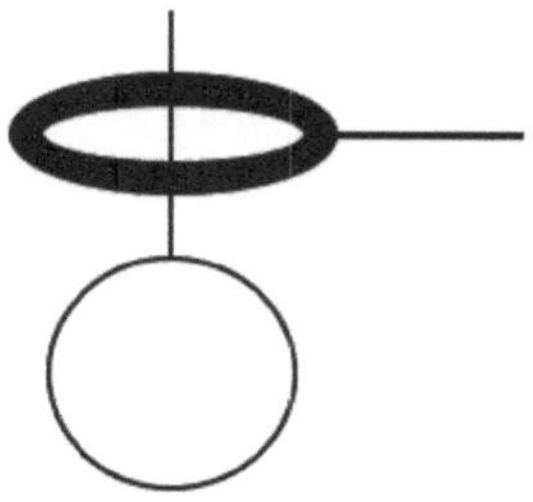

図 8

（5） 測定が終わったユウコさんはプールに行きました。空気でいっぱいにふくらませたうき輪を持って，プールに入ったところ，うき輪が少ししぼみました。これは，なぜだと考えられますか。その理由を答えなさい。

4 今年の10月は暖かい日が多くあり、例年とは少し違《ちが》っていたので，ケンジくんは天気に興味を持つようになり，色々な事について調べました。以下の問いに答えなさい。

(1) ケンジくんは天気予報を聞いていると 10 月に夏日の日があることに気づきました。夏日の説明として正しいものを選び，記号で答えなさい。

ア 最高気温が 25℃以上　　イ 最高気温が 30℃以上　　ウ 最高気温が 35℃以上
エ 最低気温が 20℃以上　　オ 最低気温が 25℃以上

(2) ケンジくんは台風について調べてみたら，台風の地表付近の風の吹《ふ》き方は決まっていることを知りました。台風の風の吹《ふ》く向きを解答欄《らん》の図に記入しなさい。ただし向きがわかるように矢印で答えなさい。

(3) 台風が進む方向の右側では特に強い風になることがある。この理由を答えなさい。ただし「台風が進む方向」という言葉を入れて答えなさい。

(4) ケンジくんは太陽の事も調べてみたら，地球から太陽と月を見たらほぼ同じ大きさに見えることを知りました。ですが実際に大きさを比べると太陽の直径は月の直径の 400 倍の大きさがあります。また、太陽までの距離《きょり》は月までの距離の 400 倍あります。太陽から地球までは光の速さで 490 秒かかるものとして，月から地球まで光の速さで何秒かかるかを求め，小数第二位を四捨五入して小数第一位までの数値で答えなさい。また図 9 は地球・月・太陽の距離や大きさを簡単に表したものである。

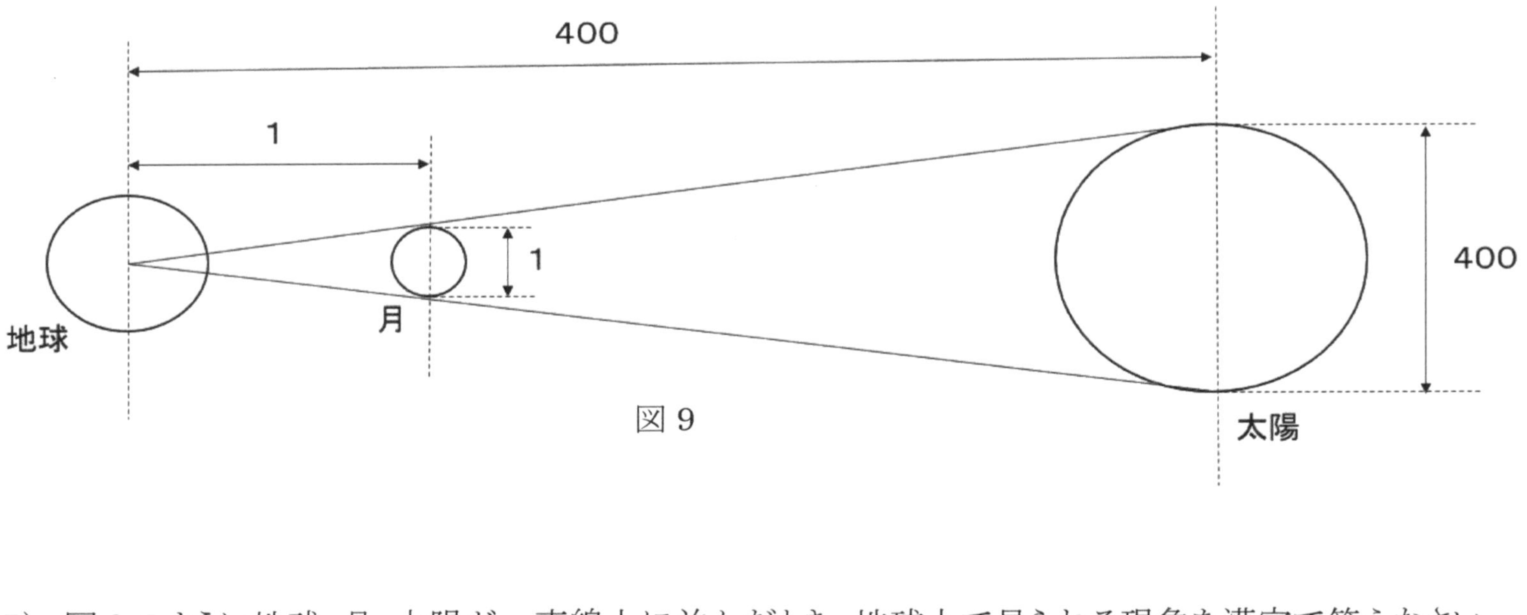

図 9

(5) 図 9 のように地球・月・太陽が一直線上に並んだとき，地球上で見られる現象を漢字で答えなさい。

令和６年度　岡山理科大学附属中学校
一次入学試験　選択教科型　（社　会）

先生の指示があるまで，この用紙にさわってはいけません。

受験上の注意

1. コートを着たまま受験をしてもよろしい。コートをぬぐ場合は，いすのせもたれにかけておきましょう。
2. 持ってきた受験票は，机にはってある受験番号ふだの下にはさんでおきましょう。
3. 時計のアラームは切っておきましょう。計算機のついた時計は使えないので，カバンの中にしまいましょう。
   けいたい電話は，今日の試験が終わるまで電げんスイッチを切り，上着ではなくカバンの中に入れておきましょう。
4. 机の上には，えん筆（シャープペンシル）数本，けしゴム，単機能の時計と受験票を置きましょう。ティッシュペーパーが必要な場合は置いてもかまいません。下じきは原則として使ってはいけません。筆ばこ，シャープペンシルのかえしん，三角定規，分度器，けい光マーカー，計算や辞書機能を持った機器などは使用できません。
   必要のないものはカバンの中にしまいましょう。
5. 試験の時間割は，受験票に書いてあります。試験の始まりから終わりまで，指示を聞いてから動きましょう。
6. 問題用紙は表紙（この用紙）をのぞいて5ページあります。解答用紙は一番下の１ページです。指示があるまで，下の問題用紙・解答用紙を見てはいけません。
7. 解答用紙が一番下にとじてあるので，試験開始の指示があってから，問題用紙からていねいにはずしましょう。
   問題用紙のホッチキスは試験中にすべてはずしてもかまいません。
8. 試験開始の指示があってから，筆記用具を手にしてよろしい。受験番号を解答用紙の左上にある受験番号という空らんに記入しましょう。名前は書かないようにしましょう。答えは解答用紙に書きましょう。
9. 問題用紙と解答用紙の枚数が不足していたり，やぶれていたり，印刷のわるいところがあったりしたときは，静かに手をあげて先生に知らせてください。
10. この試験の時間は35分間です。問題をよく見て，できるものから取りかかりましょう。
11. 解答用紙の解答らんの横にある※のある□のわくの中には，何も書かないでください。
12. 試験中に机の中のものをさわったり，他の受験生に話しかけたりしてはいけません。机の中のものを使いたいときや質問があるとき，また気分が悪くなったり，トイレに行きたくなったりしたときには，はっきりと手をあげて、先生を呼びましょう。
13. 物を落とした場合は，はっきりと手をあげて先生を呼び，拾ってもらいましょう。落としたものを自分で拾ってはいけません。
14. 全部の問題ができても，先生の指示があるまでは，席を立ったり話をしたりしてはいけません。
15. 「終わりの指示」があったら，
   ① 筆記用具をすぐに机の上に置きましょう。
   ② 解答用紙は表を上にして机の中央において，回収するまで静かに待ちましょう。
   ③ 問題用紙を，机の中にしまいましょう。休けい時間になったら問題用紙はカバンの中に入れましょう。

※すべての試験が終わるまで，ほかの階に行ったり建物の外へ出たりしてはいけません。

社　会

1　次の会話文を読み，下の資料Ⅰ・資料Ⅱを参考にしながら，あとの設問に答えなさい。

りか　：　近ごろ，ガソリンの値段が高くなっているというニュースをよく聞きます。どうしてガソリンの値段が高くなってきたのですか。

まなぶ：　日本は(あ)<u>原料の石油[原油]をほとんど輸入にたよっています。</u>他の国がたくさんガソリンを使うようになると，石油を輸入する国が増えるから，ガソリンの値段が上がるということですね。

りか　：　輸出する国の方でも，より高く売ってもうけたいという考えがあるのですか。

先生　：　あまり高く売ろうとしても売れないから，販売《はんばい》量と値段のバランスが大事になるのですが。ただ，近ごろは石油の輸出国の一つである[　　A　　]がウクライナと戦争をしているので，それをやめさせたい国々が[　　A　　]から石油を買わなくなっていることもあって，石油の輸出量が減って値段が高くなることにもつながっているようです。

まなぶ：　燃料を使わないで走る電気自動車をたくさん走らせれば，燃料を使わなくてよくなるからガソリンの値段が下がってくるのではないでしょうか。

先生　：　資料Ⅰのように，日本ではまだまだ電気自動車はひろまっていません。日本ではガソリンを使うエンジンと電気モーターを組み合わせて走る[　　B　　]車という車が多く走っているのですが。

りか　：　(い)<u>岡山市は電気自動車を買う人に対して補助金を出している</u>そうですね。

まなぶ：　排出《はいしゅつ》ガスが出ない電気自動車がひろまれば，地球環境《かんきょう》にやさしいのでいいと思います。

先生　：　ただ，現在の日本では電気自動車が普及《ふきゅう》しても地球環境にやさしいとは，必ずしも言い切れないという問題があります。それは資料Ⅱのように，日本の発電方法が二酸化炭素排出をともなうものを中心にしているからです。むしろ長距離《きょり》輸送の場合は，(う)<u>自動車よりも鉄道で荷物を運ぶようにすれば，確実に燃料の節約につながります</u>から，そちらを進めたほうがいいかもしれませんね。

資料Ⅰ　主な国の電気自動車販売台数

[2021年]	電気自動車生産台数[万台]	国内販売台数に占める電気自動車の割合（%）
中国	333.4	16.0
ドイツ	68.1	26.0
アメリカ合衆国	29.5	4.6
日本	2.9	1.0

【日本のすがた2023より作成】

資料Ⅱ　日本の電源別発電量の移り変わり

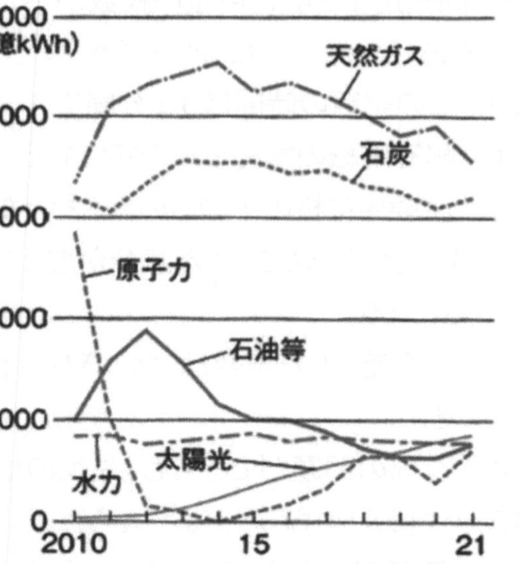

【日本のすがた2023より】

(1)　上の会話文中[　A　]にあてはまる国名と[　B　]にあてはまる語句をそれぞれ答えなさい。

(2)　会話文の下線部(あ)に関して，次の①～④の中から，原油の輸入相手国上位３カ国にあてはまるものを一つ選びなさい。

①		②		③		④	
オーストラリア	58.6%	サウジアラビア	39.7%	中国	58.5%	オーストラリア	65.4%
ブラジル	26.6%	ｱﾗﾌﾞ首長国連邦	34.7%	ベトナム	14.4%	インドネシア	12.4%
カナダ	6.3%	クウェート	8.4%	バングラデシュ	4.8%	ロシア	10.8%

【日本のすがた 2023 より作成】

(3)　資料Ⅰに示されていることにあてはまらないものを，次のア～ウから一つ選び，記号で答えなさい。

ア　中国の電気自動車生産台数は，ドイツに比べて５倍以上になっている。

イ　資料の４カ国の中で国内販売《はんばい》台数にしめる電気自動車の割合が最も大きいのはドイツである。

ウ　日本の国内販売台数は，資料の数値から考えると，電気自動車をふくんで 290 万台にのぼる。

(4)　会話文の下線部(い)に関して，市の予算を決めるのは市議会の仕事です。これ以外の市議会の仕事としてあてはまらないものを，次のア～エから一つ選び，記号で答えなさい。

ア　市の税金を決めること。

イ　市内だけ通用するきまりである条例を制定すること。

ウ　議員の中から市長を決めること。

エ　市の仕事が正しく行われているかどうか確認するため，市の仕事の状きょうを聞くこと。

(5)　資料Ⅱより，発電時に二酸化炭素を発生させてしまうものを資料Ⅱの項目よりすべて挙げて解答らんに記しなさい。

(6)　会話文の下線部(う)に関して，このことの理由を鉄道による輸送の利点からみて説明しなさい。

2　今年5月に行われた「G7広島サミット開催《かいさい》」のニュースを見たので，G7サミットや広島に関する資料Ⅰ～資料Ⅴをそろえました。これを見ながら，あとの設問に答えなさい。

資料Ⅰ

ア

イ

ウ

エ

資料Ⅱ　各月の平均日照時間

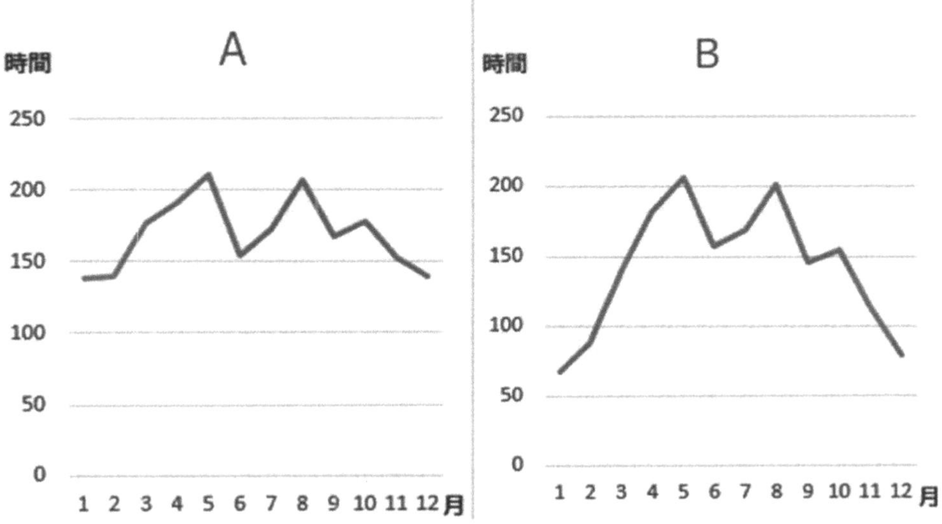

【気象庁ホームページより作成】

資料Ⅲ

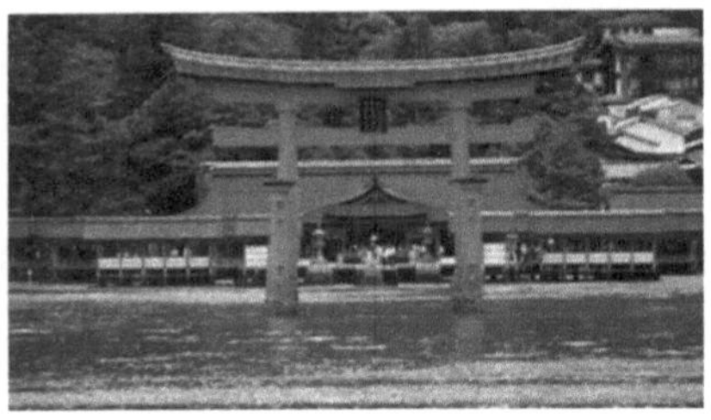

資料Ⅳ　４つの都道府県に関する統計

	府県庁所在都市人口（千人）	はくさい収穫量（t）	海面養殖収穫量（t）	鉄鋼業出荷額（億円）	火力発電電力量（百万kWh）
A	1389	…	944	770	11808
B	1332	24600	…	3801	298
C	1189	5470	99158	11893	10637
D	1065	9180	83798	1827	11620
	【2022年】	【2021年】	【2020年】	【2019年】	【2021年】

（『2023　データで見る県勢』　より作成）

資料Ⅴ

日本でサミットを開くのは今回で７回目です。広島は今から 78 年前に【　　X　　】都市で、平和を議論するのにふさわしい場所として選ばれました。

（『山陽新聞』2023 年 5 月 14 日より作成）

(1) 資料Ⅰについて，これはG7サミットに参加した国のうち4カ国の国旗を示したものです。アメリカ合衆国と同じ大陸にある国を，ア～エより選んで，記号で答えなさい。

(2) G7サミット会場になった広島市は，中国地方で瀬《せ》戸《と》内海《ないかい》に面する温暖な気候にめぐまれています。資料Ⅱは 広島市と，同じく中国地方に位置する島根県松江市の各月の平均日照時間(2020 年までの過去 30 年間平均値)を表したものです。広島市にあてはまるものを選んで記号を答え，なぜそのグラフが広島市のものだと判断できるかを，「冬の天気」がどうかという点から考えて説明しなさい。

(3) 資料Ⅲは，G7サミットに参加した各国の大統領や首相が訪れた宮島の厳島《いつくしま》神社です。 この神社は，瀬戸内海の海上交通の安全をいのって平安時代の末期に整備されました。

① 太政大臣になってこの神社を整備する事業を進めた人物はだれですか。

② 次のア～エの人物のうち，①の人物より前の時代に生きていた人物を選び，記号で答えなさい。

ア 紫式部《むらさきしきぶ》　イ 足利義政《あしかがよしまさ》　ウ 歌川広重《うたがわひろしげ》　エ 北条時宗《ほうじょうときむね》

(4) 資料Ⅳは，広島県広島市と同じくらいの人口を持つ宮城県仙台市，埼玉県さいたま市，京都府京都市の人口と，各府県のはくさいの収穫《しゅうかく》量，海面養殖《ようしょく》の収穫量，鉄鋼業の製造品出荷額，火力発電の発電した電力量についてそれぞれ示したものです。

① 広島市ならびに広島県

② さいたま市ならびに埼玉県

にあてはまるものを，それぞれ資料ⅣのA～Dより選びなさい。

(5) 資料Ⅴの新聞記事について， 空らんXにあてはまることを「世界で初めて」ということばを必ず用いて答えなさい。

3 次の会話文を読み，下の資料Ⅰ～資料Ⅳを参考にしながら，あとの設問に答えなさい。

先生 ： みなさん，西アジアでイスラエルとパレスチナが今もなお戦っていることは知っていますよね。

りか ： ニュースでよく見かけます。はやく平和な世の中になってほしいです。

先生 ： そうですね。では，人はいつから戦争をするようになったか知っていますか。

りか ： はっきりとは分からないですが，佐賀県にある①弥生時代の遺跡からは，すでに争いがあったことを示す矢じりなどが見つかっていました。

先生 ： そうでしたね。では，②平安時代や鎌倉時代《かまくらじだい》にはどんな戦いがありましたか。

たろう ： 平安時代には保元《ほうげん》の乱《らん》や平治《へいじ》の乱《らん》など源氏と平氏が争いました。

りか ： 鎌倉時代には③2度，元の大軍が日本を攻めてきました。また，この時代，将軍と武士たちは「ご恩と(　A　)」という主従関係を築いていました。

先生 ： その後も戦国時代には全国でたくさんの戦いがありましたが，それを経て，16世紀末に④天下統一をなしとげることができたのが豊臣秀吉でしたね。しかし，その後は10年足らずで外国との戦いが起こりました。

資料Ⅰ

資料Ⅱ

資料Ⅲ

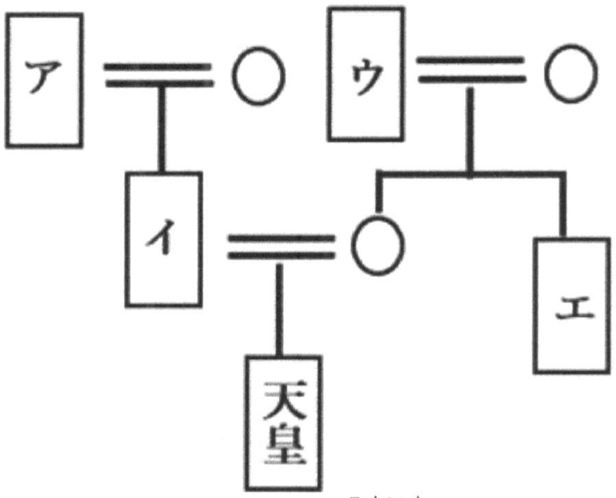

〇 は女性、＝ は婚姻《こんいん》関係を表す

資料Ⅳ

(1)　資料Ⅰは下線部①の時代にみられる高床倉庫《たかゆかそうこ》です。資料Ⅱは資料Ⅰの 〇 の部分を拡大したものです。 〇 の部分には当時の人々のくらしの工夫がみられます。その工夫の目的を答えなさい。

(2)　下線部②の時代のくらしや文化についての説明としてあてはまらないものを，次のア～エから一つ選び，記号で答えなさい。

ア　朝廷《ちょうてい》に仕える女性たちが，かな文字をつかって自分の気持ちを細かく表現する作品を生み出した。

イ　束帯《そくたい》と呼ばれる男性の服装や，十二単《じゅうにひとえ》と呼ばれる女性の服装が生み出された。

ウ　貴族は寝殿造《しんでんづくり》と呼ばれる広い庭や渡《わた》り廊下《ろうか》を持つやしきでくらしていた。

エ　外国から伝わってきた茶を飲む習慣が広まり，生け花などもかざられた。

(3)　下線部②の時代には藤原氏《ふじわらし》が政治の実権をにぎっていました。資料Ⅲは藤原氏と天皇家の関係を表す系図です。藤原氏は藤原道長《ふじわらのみちなが》のころに最も大きな力を持ちましたが，資料Ⅲの中で藤原道長の位置にあたるものをア～エから一つ選びなさい。

(4)　鎌倉時代《かまくらじだい》になると，将軍は武士たちを従えていましたが，どのような関係を結ぶことで従えていたか，文章中の（　A　）にあてはまる語句を答えなさい。

(5)　下線部③について，２度にわたり元の大軍が日本を攻めてきたことを何といいますか。

(6)　資料Ⅳは下線部③の戦いの様子です。 □ でかこまれた元軍の戦い方の特徴《とくちょう》を二つ答えなさい。

(7)　下線部④について，その過程の中で，次のア～エの出来事をおこった順に並べたとき，2番目になるものを一つ選びなさい。

ア　本能寺《ほんのうじ》の変　　イ　桶狭間《おけはざま》の戦い　　ウ　長篠《ながしの》の戦い　　エ　秀吉《ひでよし》が明智光秀《あけちみつひで》を破った

4 まなぶさんは，「こどもまんなか社会」ということばを聞いたので，今年4月に成立した「こども家庭庁」のホームページを調べました。次の文章は，その中でわかったことをまとめたものです。これを読み，あとの問いに答えなさい。

資料Ⅰのように，日本の年れい構成は将来的に【　　A　　】ので，このままでは将来的に社会を支える人が減ってくることになり，社会全体を支えることが難しくなってきます。こどもの数を増やすためには，(a)安心してこどもを産み，子育てができるような社会を作っていくことが必要です。それが，こどもに関する取組・政策を社会のまんなかにすえる「こどもまんなか社会」を目指す理由です。

今年 4 月から，国のお役所として新たに「こども家庭庁」ができました。このお役所は，こどもや若者が(b)人権を守られ，差別されずに生きて，自分の意見を言えるような社会をつくることができるようにするための「こども基本法」という(c)法律が成立したことによりつくられたものです。

こども家庭庁では，こどもの意見を聞くために(d)インターネットを使ってこどもからアンケートを行ったり，お役所の職員が直接こどもに話を聞く機会を設けたりすることにしています。

これらの意見を元にして，こども家庭庁ではこどもに関する取り組み(「こども施策《しさく》」)についての政府や都道府県，市町村へのはたらきかけを行います。

【こども家庭庁　ホームページを参考に作成】

資料Ⅰ　日本の年れい別人口割合

	0～14才	15～64才	65才以上
1970年	24.0	68.9	7.1
2000年	14.6	68.1	17.4
2020年	11.9	59.5	28.6
2040年（推計）	10.8	53.9	35.3

※年齢別人口割合の単位は%

【日本のすがた2023より作成】

資料Ⅱ　こども基本法　成立の過程

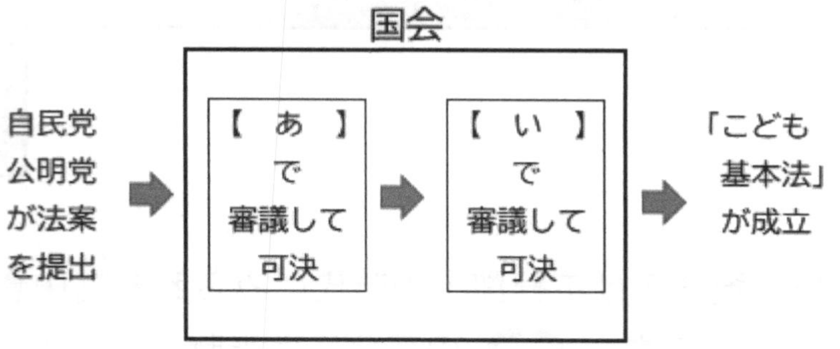

(1) 文中の空らん【　A　】について，資料Ⅰを参考にしながら，「将来はどのようになっていくことが予想されるか」を読み取って，あてはまる短文を解答らんに記入しなさい。

(2) 文中の下線部(a)に関して，両親共働きの家庭や一人親の家庭のこどもが小学校に入学するまでの間に仕事をしながら安心して子育てできるように，市町村が行っていることについて一つ例を挙げなさい。

(3) 文中の下線部(b)に関して，こどもの人権について述べた次のア～エのうち，あてはまらないものを一つ選び，記号で答えなさい。

ア　こどもは，性別や国籍《こくせき》，障がいの有無などにかかわらず平等に人権を持っている。

イ　こどもは，自分に関係のあることについて自由に自分の意見を表す権利を持っている。

ウ　大人は，こどもが悪いことをした場合にこどもをよくするためなら体罰《たいばつ》をすることが認められている。

エ　大人は，インターネットなどのこどもにとって良くない情報からこどもを守らなければならない。

(4) 文中の下線部(c)に関して，資料Ⅱはこども基本法が成立する過程を表したものです。資料Ⅱの中の国会を構成する【　あ　】・【　い　】の2つの機関について，

① いずれか一方には「解散」があります。この機関のことを何といいますか。

② 解散がない方の機関について，この機関に所属する議員の任期は何年ですか。

(5) 文中の下線部(d)に関して，このようなことができるのは，コンピューターや携帯《けいたい》電話などの情報通信機器を利用して，インターネットを使って情報処理や情報の伝達共有を行う技術が発達したからです。このような技術のことを何といいますか。アルファベット３文字で答えなさい。

令和六年度　岡山理科大学附属中学校

一次入学試験　選択教科型（作　文）

先生の指示があるまで、この用紙にさわってはいけません。

受験上の注意

1. コートを着たまま受験をしてもよろしい。コートをぬぐ場合は、いすのせもたれにかけておきましょう。
2. 持ってきた受験票は、机にはってある受験番号ふだの下にはさんでおきましょう。
3. 時計のアラームは切っておきましょう。計算機のついた時計は使えないので、カバンの中にしまいましょう。けいたい電話は、今日の試験が終わるまで電げんスイッチを切り、上着ではなくカバンの中に入れておきましょう。
4. 机の上には、えん筆（シャープペンシル）数本、けしゴム、単機能の時計と受験票を置きましょう。ティッシュペーパーが必要な場合は置いてもかまいません。下じきは原則として使ってはいけません。けい光マーカー、辞書機能を持った機器などは使用できません。筆ばこ、シャープペンシルのかえしんも、机の上には置けません。必要のないものはカバンの中にしまいましょう。
5. 試験の時間割は、受験票に書いてあります。試験の始まりから終わりまで、指示を聞いてから動きましょう。
6. 問題用紙は、表紙（この用紙）をのぞいて一ページあります。解答用紙は一番下の一ページです。指示があるまで、下の問題用紙を見てはいけません。
7. 解答用紙が一番下にとじてあるので，試験開始の指示があってから，問題用紙からていねいにはずしましょう。問題用紙のホッチキスは試験中にすべてはずしてもかまいません。
8. 試験開始の指示があってから、筆記用具を手にしてよろしい。受験番号を解答用紙の上にある受験番号という空らんに記入しましょう。名前は書かないようにしましょう。答えは解答用紙に書きましょう。
9. 問題用紙と解答用紙の枚数が不足していたり、やぶれていたり、印刷のわるいところがあったりしたときは、静かに手をあげて先生に知らせてください。
10. この試験の時間は二十分間です。
11. 題名、名前の記入は不要です。。おもてに書ききれないときは、うらに続けて書きなさい。
12. 試験中に机の中のものをさわったり、他の受験生に話しかけたりしてはいけません。机の中のものを使いたいときや質問があるとき、また気分が悪くなったり、トイレに行きたくなったりしたときには、はっきりと手をあげて、先生を呼びましょう。
13. 物を落とした場合は、はっきりと手をあげて先生を呼び、拾ってもらいましょう。落としたものを自分で拾ってはいけません。
14. 全部の問題ができても、先生の指示があるまでは、席を立ったり話をしたりしてはいけません。
15. 「終わりの指示」があったら、
　① 筆記用具をすぐに机の上に置きましょう。
　② 解答用紙は表を上にして机の中央において、回収するまで静かに待ちましょう。
　③ 問題用紙を、机の中にしまいましょう。休けい時間になったら問題用紙はカバンの中に入れましょう。

※すべての試験が終わるまで、ほかの階に行ったり建物の外へ出たりしてはいけません。

「人はみな平等である」

「何かを平等にあたえられたとしても、その結果は平等ではない」

「平等とはあたえられるものではない。自らの創意工夫で手に入れるものなのだ」

「平等」に対する考え方は、右記のようにさまざまです。また、観点においても「権利」「時間」「能力」「経済」「情報」「教育」など多数あります。「平等」についてあなたの考え方を記述しなさい。

作文の問題

令和六年度　岡山理科大学附属中学校

一次入学試験　選択教科型（国語）解答用紙

受験番号

問題1	※
①	
②	
③	
④	
⑤	

問題2	※

問題3	※
い	
ろ	
は	
に	

問題4	※

問題5	※

問題6	※

問題7	※
X	
Y	

問題8	※

問題9	※
段落	

問題10	※

問題11	※
ア	
イ	
ウ	

問題12	※
80	
100	

得　点
※100点満点 （配点非公表）

受験番号

令和６年度　岡山理科大学附属中学校
一次入学試験　選択教科型　算数　解答用紙

得　点
※100点満点 （配点非公表）

1

(1)	(2)	(3)
(4)	(5)	(6)

2

(1) 点	(2) ページ	(3) cm^2	(4)

3

(1)	(2)	(3)

4

(1) 毎時　km	(2) 分後
(3) ひろしさん：毎時　km　まなぶさん：毎時　km	

5

(1) 体積　cm^3　表面積　cm^2	
(2) 表面積　cm^2	(3) 表面積　cm^2

受験番号

令和6年度　岡山理科大学附属中学校
一次入学試験 選択教科型　　（理科）解答用紙

得　点
※100点満点 （配点非公表）

*

1

（1）　　　　g	（2）	
（3）①	②	（4）　　　　g
（5）　　　　g		

*

2

（1）	（2）	（3）
（4）		
（5）		

*

3

（1）　　と	（2）　　と
（3）	
（4）	
（5）	

*

4

（1）		（2）
（3）		
（4）　　　　秒	（5）	

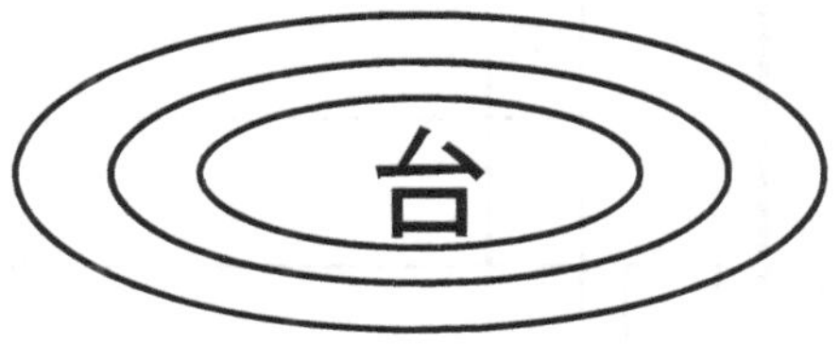

受験番号

令和６年度　岡山理科大学附属中学校

一次（選択教科型）入学試験【社会】　解答用紙

得　点

※100点満点
（配点非公表）

*

1

(1) A　B　(2)

(3)　(4)

(5)

(6)

*

2

(1)

(2) 記号
理由

(3) ①　②

(4) ①　②

(5)

*

3

(1)

(2)　(3)

(4)

(5)

(6)

(7)

*

4

(1)

(2)

(3)

(4) ①　②

(5)

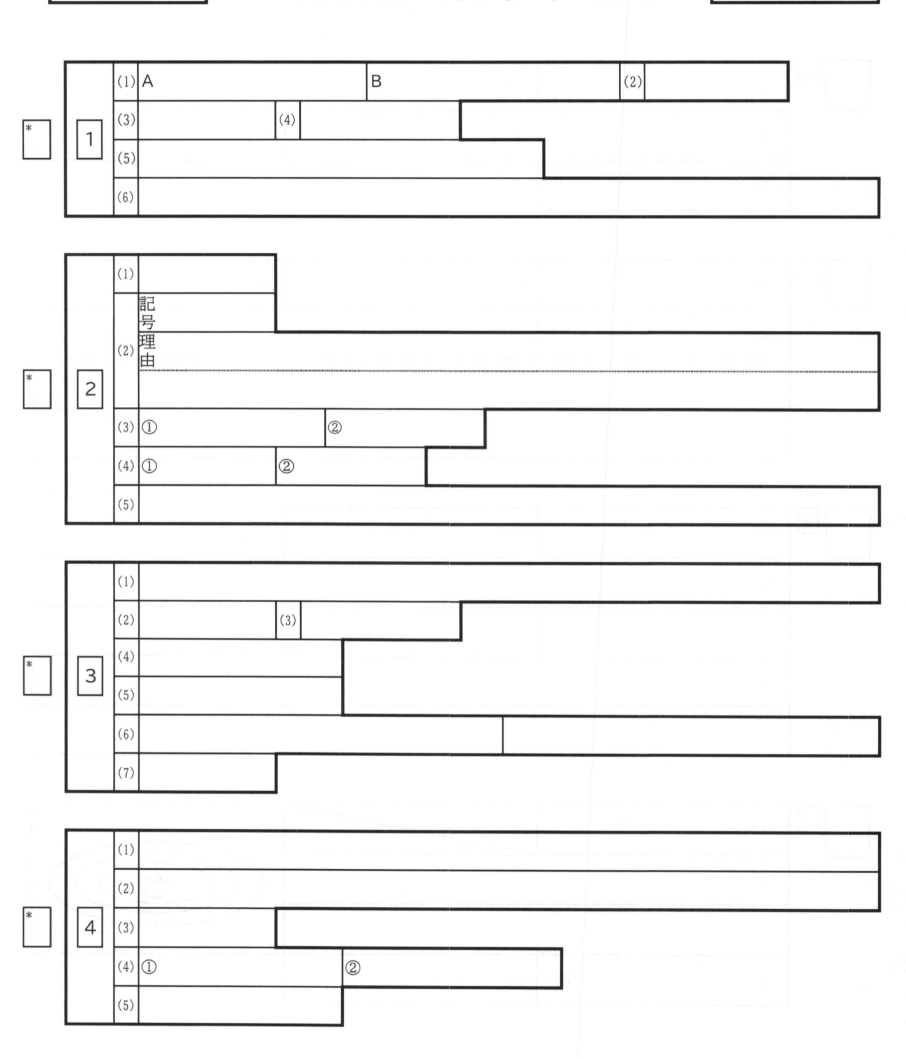

受験番号	

表

※20点満点
（配点非公表）

作文用紙

裏《うら》

作文用紙

令和5年度岡山理科大学附属中学校
推薦入学試験（基礎学力型）
試験問題
算数・国語
（50 分　100 点）

先生の指示があるまで，この用紙にさわってはいけません。

受験上の注意

1. コートを着たまま受験をしてもよろしい。コートをぬぐ場合は，いすのせもたれにかけておきましょう。
2. 持ってきた受験票は，机にはってある番号カードの下にはさんでおきましょう。
3. 時計のアラームは切っておきましょう。計算きのついた時計は使えないので，カバンの中にしまいましょう。
   けいたい電話は，今日の試験が終わるまで電げんスイッチを切り，上着ではなくカバンの中に入れておきましょう。
4. 机の上には，えん筆（シャープペンシル）数本，けしゴム，コンパス，直じょうぎを出しておきましょう。必要な人はティッシュペーパーを置いてもかまいません。予備のえん筆や筆ばこ，シャープペンシルのかえしんなどはカバンの中に入れましょう。三角じょうぎ，分度き，けい光マーカー，辞書機能および電たく，通信機能を持った機器などは使ってはいけません。
   下じきは原則として使用できません。必要のないものはカバンの中にしまいましょう。
5. 試験の時間割は，受験票に書いてあります。試験の始まりから終わりまで，指示を聞いてから動きましょう。
6. この試験では，算数と国語の問題を出題しています。問題用紙は，この表紙をのぞいて7枚あります。
   解答用紙は算数1枚，国語1枚の合計2枚あります。
7. 問題用紙と解答用紙が不足していたり，読みにくかったりしたときは，静かに手をあげて待っていてください。
8. 試験開始の指示があってから，筆記用具を手にしてよろしい。それぞれの解答用紙の決められた場所に受験番号のみ記入しましょう。名前は書かないようにしましょう。解答はすべて解答用紙に記入しましょう。
9. 算数と国語合わせて 50 分の試験時間です。どちらの教科から始めてもかまいません。50 分の時間配分も自分で考えて自由に 50 分を使って解答しましょう。
10. 試験中に机の中のものをさわったり，他の受験生に話しかけたりしてはいけません。机の中のものを使いたいときや質問があるとき，また気分が悪くなったり，トイレに行きたくなったりしたときには，はっきりと手をあげて，先生を呼びましょう。
11. 物を落とした場合は，はっきりと手をあげて先生を呼び，拾ってもらいましょう。落としたものを自分で拾ってはいけません。
12. 全部の問題ができても，先生の指示があるまでは，席を立ったり話をしたりしてはいけません。
13. 「終わりの指示」があったら，
    ① 筆記用具をすぐに机の上に置きましょう。
    ② 解答用紙は，国語の方が上になるようにして，机の左上に置きましょう。

※すべての試験が終わるまで，指示なくほかの階に行ったり建物の外へ出たりしてはいけません。

推薦入学試験　基礎学力型　（算数）　問題用紙

答えはすべて解答用紙に記入しなさい。式（考え方）も書きなさい。

1 次の計算をしなさい。

（1）$36+14\times2-24\div3$

（2）$0.34+0.15\div0.75$

（3）$\frac{3}{4}-\frac{3}{5}+\frac{3}{8}$

（4）$(0.28\times0.2+0.028\times8)\div5$

（5）$2\frac{1}{4}\times\frac{8}{9}\div3\frac{1}{5}$

（6）$(0.5+\frac{1}{3}-0.25)\times\frac{1}{9}$

２　次の各問いに答えなさい。

（１）　あるお店では，定価450円のロールケーキを324円に値引きし，定価360円のシュークリームを３割５分引きで販売しています。これについて，次の問いに答えなさい。

①ロールケーキは定価の何％引きで販売していますか。

②シュークリームは何円で販売していますか。

（２）　Ａ，Ｂの２つのコップがあります。その中にはじめＡ：Ｂ＝４：５の比の量の水が入っていました。２つのコップにそれぞれ120ｇの水を加えると，水の量の比はＡ：Ｂ＝11：13になりました。Ａのコップは，はじめ何ｇの水が入っていましたか。

（３）　花子さんは，家から学校までの2800ｍの道のりを，40分で行く予定で出発しました。はじめは毎分60ｍの速さで進んでいましたが，おくれそうになったのでとちゅうから毎分100ｍの速さで進んだところ，予定通り40分後に着きました。このとき，毎分100ｍで進んだ時間は何分ですか。

（４）　１から100までの整数のうちで，３でも７でも割り切れないものは全部で何個ありますか。

（５）　右の図は，長方形をいくつかの部分に分けたものです。このとき，かげをつけた部分の面積を求めなさい。

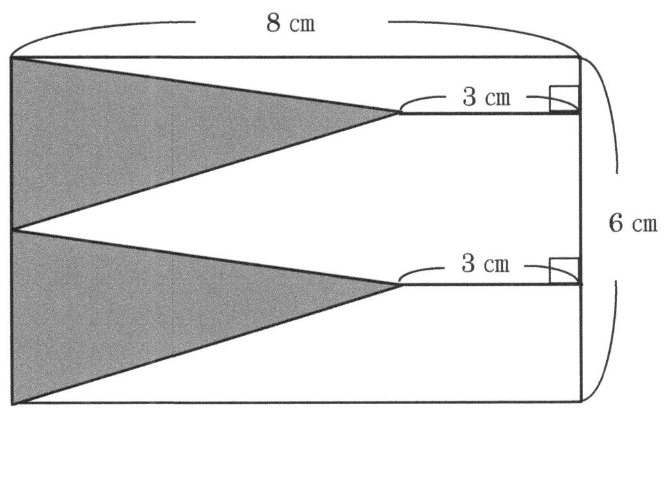

もっと極端《きょくたん》な例として、ヴィクトール・E・フランクルの『夜と霧《きり》』（みすず書房《しょぼう》）が挙げられよう。注2ナチスによって建てられたユダヤ人収容所内の過酷《かこく》すぎる生活を描写《びょうしゃ》しつつ、その中でも愛する人のことを考え、希望を失わず、なんとか生きながらえていく自身の姿を追った世界的ベストセラーだ。人間にとって希望がいかに大切かを切実に訴《うった》えかけてくるが、少なくとも読んでいてcタンジュンに爽快《そうかい》な気分になれる本ではない。

しかし、当初はショックを受けたとしても、時間が経《た》つにしたがって自分の中に深く「沈殿《ちんでん》」し、一つの現実として受け入れられるようになってくる。それは、多少なりとも自分自身が強くなったことを意味するのである。

あるいは名作中の名作とされているドストエフスキーの『罪と罰《ばつ》』にしても、袋《ふくろ》小路にはまり込み、行き場を失った人間の精神が立ち上がるまでを克明《こくめい》に描《えが》いている。これを読むことは、一つの人生を疑似《じ》体験することに等しい。⑦それによって、自分自身の精神をより深く掘《ほ》り下げることができるのである。

ところが現実には、第一級の古典が読まれることは少ない。一方で、最近の小説の中には、ベストセラーになったり、映画化されて話題になったりするものもよくある。【 B 】

だが、それらにほぼ共通しているのは、登場人物たちの人間性が目にあまるほど浅いということだ。だから、いくら注3精読しても共感できない。私に言わせれば、なぜ『罪と罰』のような重厚な古典が軽視され、最近の軽い小説がd重宝がられるのか不思議でならない。せめて先に古典を読んでいれば、今の作品の軽さもよくわかるはずだ。

最近は本が売れないとか、読書人口が減っているとか、一人当たりの読書時間が少ないとか、本をめぐる問題はいくつも取り沙汰《ざた》されている。だがもう一つ、大きな問題は本の「質」だ。何でも読めばいいというものではない。⑧中身のない本に時間をかけるくらいなら、質のいいテレビ番組でも見たほうがよほど有意義だ。昨今は何かと評判の良くないテレビだが、いい番組も探せば少なからずある。【 C 】

見方を変えれば、そういう番組以上に中身のある本でなければ、読む価値はないということだ。（ Ⅰ ）、まずは本の楽しさを知るために、とにかく興味の赴《おもむ》くままに何でも読むという時期があってもいいかもしれない。（ Ⅱ ）、それはあくまでも第一段階だ。そこで止まっている人は多いが、これでは思考を深めることはできない。その上で、質のいい本に至るという第二段階が必要なのである。

古典的良書を避《さ》けて底の浅い本ばかりを読むということは、一軍でのプレーを恐れて万年二軍で満足しているようなものである。実にもったいないことではないだろうか。

それに、良質の本は新たな知識・情報の起点にもなり得る。そこに書かれている内容に刺激を受けて新たな興味が生まれたり、紹介されている本や人物について調べてみたり等々の作用によって、世界が点から線、そして面に拡大していくのである。【 D 】

これによって新たな起点と出会えれば、面はより大きくなっていく。こういう自己増殖《ぞうしょく》のサイクルに乗りはじめると、もう本のない世界はあり得ない、という意識に変わっていくはずだ。

（齋藤孝「読書のチカラ」より　一部改めたところがある）

【注】
1 不毛感…なんの進歩も成果も得られないという思い
2 ナチス…ヒトラーを党首とした国民社会主義ドイツ労働者党の通称
3 精読…細かいところまでていねいに読むこと

推薦入学試験　基礎学力型（国語）　問題用紙

次の〈文章〉を読んで、以下の問いに答えなさい。

〈文章〉

日常で一人になった時間に何をしているか、思い返してみていただきたい。ａ昨今なら、まず欠かせない①ツールがケータイだ。主に②メールのやりとりで、褒《ほ》め合ったり愚痴《ぐち》をこぼし合ったり、あるいは誰《だれ》かの悪口を並べたり、噂《うわさ》話を流したり。

振《ふ》り返ってみると、一九八〇年代の電車内には、まだ本を読む人が少なからずいた。その後、九〇年代になるとマンガやウォークマンで過ごす人が増えはじめ、本派は減少の一途《いっと》をたどった。そして今日では、圧倒《あっとう》的多数がケータイをいじっている。

今後、情報端末《たんまつ》はハードもソフトもさらに充実してくるだろう。誰でも安価で手に入れることができ、娯楽《ごらく》の種類も圧倒的に増え、それさえ持っていれば一人の時間をいくらでもやり過ごせる時代になる。

娯楽はもちろん大切だが、心の深部にｂトドく知を獲得《かくとく》することを面倒《めんどう》くさがると、最終的に痛手を被《こうむ》るのは自分自身である。快適さが当たり前になっているために、快適ではない状態に耐《た》えられない。まして読書のような面倒なことはしたくなくなる。その結果、得られる知識はかぎられ、精神も浅く弱くなってしまうのである。

③そう考えると、私たちはむしろ「情報過多」どころか「情報不足」の世の中を生きているのかもしれない。

情報化時代と言われながら、企業《きぎょう》の採用担当者たちからは、「最近の学生は本を読まないので、あまりにものを知らない」という、厳しい評価を聞く。自分の興味のある情報以外には関心を持たない傾向《けいこう》も指摘《してき》されている。

本には情報が凝縮《ぎょうしゅく》されているし、自分の能力に合わせて深く早く吸収することもできる。だとすれば、もっと読書を意識づける必要があるということだ。自分の時間にやることとして読書を意図的に最優先で挙げるぐらいでなければ、いよいよ〝情報弱者〟になってしまうだけだろう。

やや大げさにいえば、これは生き方にも関わる問題だ。精神を良好に保ち、人生に対して充実《じゅうじつ》感を持てることこそ、生きる上での最大の柱になり得る。それは社会的な地位や収入とはまったく無関係であり、したがって世間的に見た成功・失敗の価値観[注1]とも④一線を画している。

経済的には余裕《よゆう》で暮らしていける人でも、精神の不毛感を感じる人は少なくない。その一方で、たとえば俳句を趣味《しゅみ》にしている人なら、いい一句を生むことができるだけで、生活の苦労を吹き飛ばすほどの大きな喜びを⑤感じられるかもしれない。

あるいは日々に不毛感があれば、それを句でどう表現しようかと考えることもできる。【　Ａ　】そう思っているうちに、不毛感をはじめ日々感じているつらさや哀《かな》しみも、一つの精神の深さや豊かさとして、肯定《こうてい》的に捉えられるのではないだろうか。

その典型が、⑥恋愛にまつわる俳句や和歌の数々だ。多くは、会えないつらさ、会いたいという思い、あるいは別れてしまった人に対する未練や恨《うら》みといったものが込《こ》められている。いわば苦しみが生んだ心の芸術といえるだろう。そういう精神性が、文学や古典には溢《あふ》れているのである。それを読むことで、読者も時空を超《こ》えて共感したり、自らを見つめ直したりすることができるのである。

問一 ——線部a～dを、カタカナは漢字で、漢字は読みをひらがなで書きなさい。

問二 ——線部①「ツール」は「手段」の意味ですが、次の1～3の外来語の意味として適当なものを、後のア～カから選び、それぞれ記号で答えなさい。

1 モラル　2 ソーシャル　3 サスティナブル

ア 社会的な　イ 発展的な　ウ 実現可能な　エ 持続可能な　オ 現実　カ 道徳

問三 ——線部②「メール」は「一通、二通」と数えますが、次の1～3はどのように数えますか。数字の後ろに付ける語として適当なものを、それぞれ語群から選び、漢字に直して答えなさい。

1 本　2 和歌　3 涙

【語群】とう・さつ・りょう・すじ・まい・しゅ

問四 ——線部③「そう考えると」とありますが、それはどのように考えることですか。最も適当なものを、次のア～エから選び、記号で答えなさい。

ア 現代の人々は、読書より娯楽の方が大切だと考えて娯楽に時間を費やすため、情報収集のための時間が十分に得られていない。

イ 現代の人々は、自分の興味のある情報以外には関心を持たない傾向があるため、かたよったごくわずかな知識しか得られない。

ウ 現代の人々は、情報端末を娯楽に使い、情報が豊富な読書も面倒だからと避《さ》ける傾向にあるため、得られる情報の量が少ない。

エ 現代の人々は、快適な状態に慣れて本を最後まで読み切る忍耐《にんたい》力が養われていないため、中途半端《ちゅうとはんぱ》で浅い知識しか得られない。

問五 ——線部④「一線を画している(す)」の意味として最も適当なものを、次のア～エから選び、記号で答えなさい。

ア 似ている　イ 比較《ひかく》される　ウ 容易に判別できる　エ 違いが明白である

問六 ——線部⑤「られる」の語の働きが同じものとして最も適当なものを、次のア～ウから選び、記号で答えなさい。

ア 十五時には社長が会社に戻《もど》られる

イ 昨今は祖母の健康が案じられる

ウ 母は実際の年よりも若く見られる

問七　次の一文は、空らんＡ～Ｄのどこに入れるのが最も適当ですか。記号で答えなさい。

　一流の人間の考え方を披露《ひろう》したり、一流の芸術を紹介《しょうかい》したりといった具合だ。

問八　――線部⑥「恋愛にまつわる俳句や和歌の数々」をたとえた表現を文中から抜き出しなさい。

問九　――線部⑦「それ」とはどのようなことですか。「一つの人生」という語句を使い、二十字程度で答えなさい。

問十　――線部⑧「中身のない本に時間をかけるくらいなら、質のいいテレビ番組でも見たほうがよほど有意義だ」とありますが、それはなぜだと筆者は考えていますか。次の文章の空らんに入る適当な言葉を、文中から抜き出しなさい。

・中身のない本を読んでも、［（十三字）］から。

問十一　空らんⅠ・Ⅱに入る語句を、次のア～エからそれぞれ選び、記号で答えなさい。

ア　また　　イ　だから　　ウ　たしかに　　エ　しかし

問十二　三人の生徒が、〈文章〉を読んでそれぞれ感想を述べています。筆者の考えを正しく理解できていれば○を、できていなければ×を書きなさい。

ゆめこさん　「筆者は、本には情報が詰まっているし、自分の能力に合わせてそれを深く早く吸収することもできるから、もっと意識して読書すべきだと主張していたね。まったくその通りだと思う。今までは時間があればゲームをしていたけれど、これからは積極的に本を読むようにするわ。『朝読』も始めてみようかな。」

のぞむさん　「筆者は、良質な本は、新たな知識・情報の起点となって私たちの世界を拡大するので、質のいい本を読むべきだと言っていたね。確かに、ぼくは以前、サン・テグジュペリの『星の王子様』を読んで〝本当に大切なものは目に見えない〟と気づいてからは、ものの見方が広く、考え方が深くなった気がするよ。」

かなえさん　「筆者は、日常で一人になると、ケータイで誰かの悪口や根拠《こんきょ》のない噂話をメールして過ごす人権意識の低い人が増えていることをなげいていたね。これは、今後、今以上にメールトラブルによって心を痛める人が増えるのではないかと心配したからだと思う。私もメールの使い方には十分注意しようと思うわ。」

※国語と合わせて100点満点（配点非公表）

受験番号

令和５年度　岡山理科大学附属中学校
推薦入学試験　基礎学力型　（算数）　解答用紙

※

※空らんには記入しないこと

1

(1)	(2)	(3)
答え：	答え：	答え：
(4)	(5)	(6)
答え：	答え：	答え：

※

2

(1)①	(1)②
%引き	円
(2)	(3)
g	分
(4)	(5)
個	cm^2

※

令和五年度　岡山理科大学附属中学校

推薦入学試験　基礎学力型（国語）

解答用紙

※らんには記入しないこと

受験番号

問一
a
b
（く）
c
d

問二
1
2
3

問三
1
2
3

問四

問五

問六

問七

問八

問九
20

問十

問十一
Ⅰ
Ⅱ

問十二
ゆめこ
のぞむ
かなえ

※　※　※　※　※　※　※　※　※　※

※

※算数と合わせて100点満点（配点非公表）

令和５年度
岡山理科大学附属中学校
適性検査Ⅰ

先生の指示があるまで，この用紙にさわってはいけません。

受験上の注意

1．コートを着たまま受験をしてもよろしい。コートをぬぐ場合は，いすのせもたれにかけておきましょう。
2．持ってきた受験票は，机にはってある番号カードの下にはさんでおきましょう。
3．時計のアラームは切っておきましょう。計算きのついた時計は使えないので，カバンの中にしまいましょう。
けいたい電話は，今日の試験が終わるまで電げんスイッチを切り，上着ではなくカバンの中に入れておきましょう。
4．机の上には，えん筆（シャープペンシル）数本，けしゴム，コンパス，直じょうぎを出しておきましょう。必要な人はティッシュペーパーを置いてもかまいません。予備のえん筆や筆ばこ，シャープペンシルのかえしんなどはカバンの中に入れましょう。三角じょうぎ，分度き，けい光マーカー，辞書機能および電たく，通信機能を持った機器などは使ってはいけません。下じきは原則として使用できません。必要のないものはカバンの中にしまいましょう。
5．検査の時間割は，受験票に書いてあります。検査の始まりから終わりまで，指示を聞いてから動きましょう。
6．この検査は，文章や資料を読んで，太字で書かれた課題に対して，答えやあなたの考えなどを書く検査です。課題ごとに，それぞれ指定された場所に書きましょう。
7．検査用紙は，表紙（この用紙）をのぞいて３ページあります。指示があるまで，下の検査用紙を見てはいけません。
8．試験開始の指示があってから，筆記用具を手にしてよろしい。受験番号をそれぞれの検査用紙の上部にある「受験番号」という空らんに記入しましょう。検査用紙すべてに書きましょう。名前は書かないようにしましょう。
9．検査用紙の枚数が不足していたり，やぶれていたり，印刷のわるいところがあったりしたときは，静かに手をあげて先生に知らせてください。
10．この検査の時間は45分です。
11．試験中に机の中のものをさわったり，他の受験生に話しかたりしてはいけません。机の中のものを使いたいときや質問があるとき，また気分が悪くなったり，トイレに行きたくなったりしたときには，はっきりと手をあげて，先生を呼びましょう。
12．物を落とした場合は，はっきりと手をあげて先生を呼び，拾ってもらいましょう。落としたものを自分で拾ってはいけません。
13．全部の問題ができても，先生の指示があるまでは，席を立ったり話をしたりしてはいけません。
14．「終わりの指示」があったら，
① 筆記用具をすぐに机の上に置きましょう。
② 検査用紙を表紙が一番上になるように机の中央において，回収するまで静かに待ちましょう。
③ 表紙（この用紙）と検査用紙は，持ち帰ってはいけません。

※すべての検査が終わるまで，指示なくほかの階に行ったり建物の外へ出たりしてはいけません。

受検番号	

※70点満点
（配点非公表）

※

課題１　同じ小学校に通っている６年生の太郎《たろう》さんと花子さんは，夏休みの自由研究で自分が住んでいる地域について調べることになりました。下の会話文は，２人がそれぞれ住んでいる地域について話をしているところです。次の（１）～（３）に答えましょう。

太郎：図１のように，ぼくたちの通う学校には，ぼくが住んでいるみどり町と，花子さんが住んでいるあおい町の２つ町に住んでいる人が通っているね。

花子：私たちが住んでいる地域には，どちらも大きく分けて住宅地，道路，公園，商店街の４つあるわ。私たちの学校はあおい町の住宅地の中にあって，２つの町を合わせた面積は，６㎢だったわ。

太郎：ぼくの住んでいる町の住宅地の面積は，あおい町の面積から，２つの町を合わせた面積の $\frac{1}{3}$ を引いた広さだよ。

花子：私の住んでいる町の面積は，２つの町を合わせた面積の $\frac{8}{15}$ になっているわ。

太郎：２つの町の公園を合わせた面積は，２つの町を合わせた面積の $\frac{1}{4}$ で，そのうちの $\frac{3}{5}$ がぼくの町にあるね。

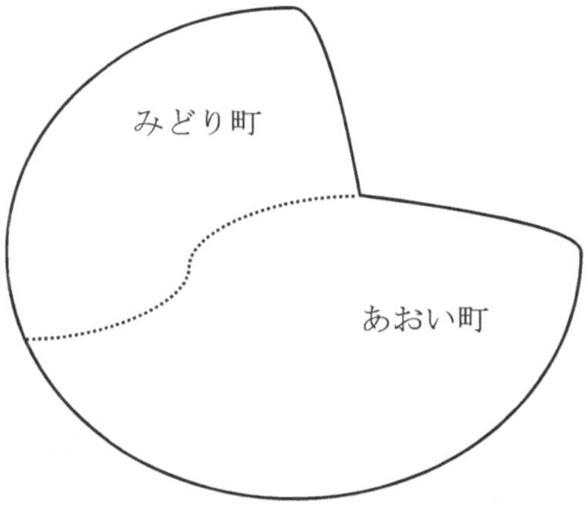

図１　２人が住んでいる町の地図

花子：私が住んでいる町の公園の面積は，太郎さんが住んでいる町の道路の面積と同じだわ。

太郎：ぼくが住んでいる町と，花子さんが住んでいる町の道路の面積の比は，６：７だね。

花子：２つの町をあわせた住宅地の面積は，２つの町の商店街を合わせた面積のちょうど７倍あるわね。

太郎：ぼくの住んでいる町の道路の面積は，あおい町の商店街の広さのちょうど２倍の広さだよ。

※

（１）あおい町の公園の面積は，何㎢になるか答えましょう。

㎢

※

（２）商店街は２つの町を合わせて，何㎢になるか答えましょう。

㎢

※

（３）みどり町とあおい町の住宅地の面積の比を，最も簡単な整数の比で求めましょう。どのようにして求めたかも説明しましょう。

（説明）

：

受検番号	

※

課題２　６年生の太郎さんと花子さんは，お楽しみ会のかざり付けについて，２人で話をしています。あとの（１）～（３）に答えましょう。円周率は 3.14 を使いましょう。

太郎：かざりつけの事だけど，おり紙にコンパスで円をかいて切り取って，円をのりづけしてつないでいこうよ。
花子：円の大きさは，直径 12 cmにしましょうよ。
太郎：のりづけする位置は，どこにすればいいかな。
花子：右の図のように，２つの円をつないでいくときに，円のいちばん端《はし》の部分が，もう１つの円の中心と重なるようにしていこうよ。
太郎：いま，円を３個のりづけしてつないでみたよ。
花子：このときのかざりつけの周りの長さがどうなっているか調べてみましょうよ。

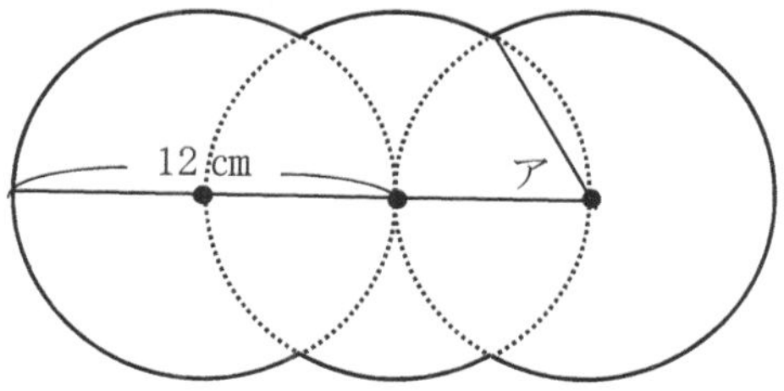

図１　円を３個つないだときのようす

※

（１）図１で，アの部分の角度の大きさは何度になるか答えましょう。

　　　　　　　　度

※

（２）図１のように，円を３個つないだときの，かざり付けのまわりの長さを求めましょう。

　　　　　　　　cm

花子：図２のように，円をさらにつなげていくとどうなるかしら。
太郎：まわりの長さが，２ｍをこえないようにしたいね。

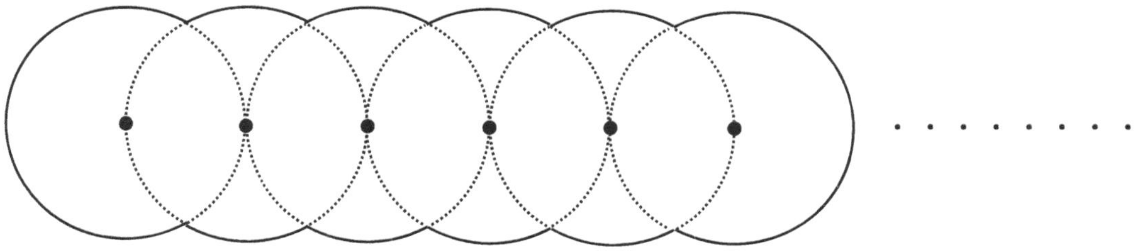

図２　円をさらにつないだときのようす

※

（３）図２のように，円をのりづけしてつないだとき，かざり付けのまわりの長さが２ｍをこえないようにするには，円を最大で何個つなげればよいか求めましょう。また，そのときのまわりの長さを求めましょう。どのようにして求めたかも説明しましょう。

（説明）

つなげる円の数・・・　　　　　個　，まわりの長さ・・・　　　　　cm

受験番号	

※

課題３　花子さんと太郎《たろう》さんは先生と理科室で話をしています。あとの(１)～(３)に答えましょう。

先生：物のとけ方の実験をしましょう。机の上には，２つの 100 mL のビーカーに 50℃の水 50 mL に食塩をとける限界までとかしたものと，ミョウバンをとける限界までとかしたものが，それぞれ入っています。見た目では区別がつかないので，ビーカーを動かさないでくださいね。

太郎：先生！ついついビーカーを持ち上げて見ていたら，どちらか区別がつかなくなりました。

※

(１)　机の上には，氷水の入ったトレー(発ぽうポリスチレン製)，60℃の湯が入ったトレー(発ぽうポリスチレン製)，電子てんびん(１ｇ単位ではかれるもの)が置いてあります。ビーカーの中身をなめたり飲んだりせず，机の上のもの(氷水の入ったトレー・60℃の湯が入ったトレー・電子てんびん)だけを使って見分ける方法を説明しなさい。

ビーカーを［　　　　　　　　　　］に
［　　　　　　　　　　　　　　　］たとき
［　　　　　　　　　　　　　　　］た方が
食塩　・　ミョウバン　（どちらかに○をつけましょう）　であるとわかる。

花子：夏休みに家族で北アルプスに登って，2000 m の高さにある山小屋の前で飯ごうを使ってごはんをたいたのよ。

太郎：いいなぁ。山の上で食べるご飯は美味しかったでしょう？

花子：それが，あまり美味しくなかったのよ。

先生：「気圧」という言葉を知っていますか。私たちの上には厚い空気の層が乗っていて，その重さが気圧というものです。高い山の上では私たちがいる平地より空気の層がうすいので気圧が低くなります。海からの高さが０ m の地点の気圧が１気圧だとすると，100 m 高くなるごとに 0.01 気圧低くなります。

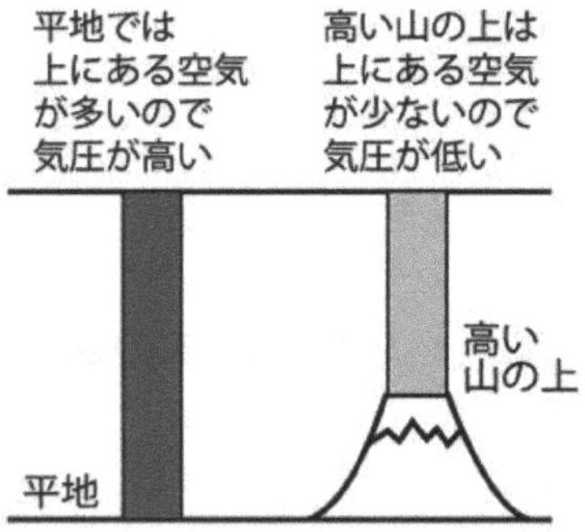

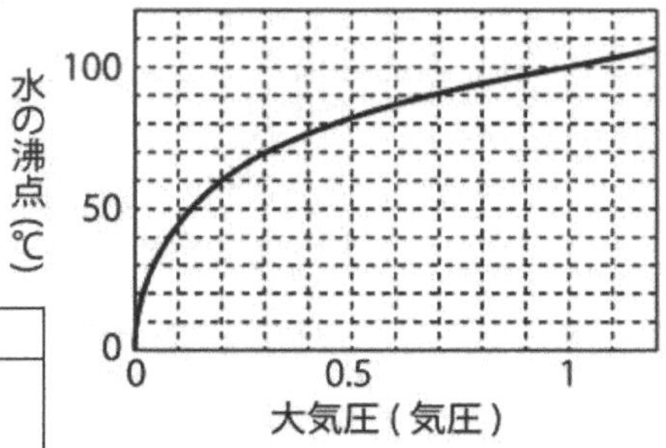

平地では上にある空気が多いので気圧が高い
高い山の上は上にある空気が少ないので気圧が低い

水の沸点(℃)

大気圧(気圧)

(２)　右の図やグラフを参考に，花子さんが食べたごはんが美味しくなかった理由を説明しなさい。

理　　　由

花子：私は校庭の池にいるメダカが増えてきた気がするのですが，太郎さんは減ってきたと言います。先生，池にメダカが何匹《びき》いるのか調べたいのですが，いい方法はありませんか。

先生：標識再捕法《ひょうしきさいほほう》という方法があります。まず，池に網《あみ》をしかけて何匹かメダカを捕《つか》まえます。かわいそうですが，捕《つか》まえたメダカ全部のひれに少し切れこみを入れ，しるしをつけて池にもどします。しばらくして池にもどしたメダカが池全体に散らばったら，同様に網《あみ》をしかけてメダカを捕《つか》まえます。２度目に捕《つか》まえたメダカの数に対する，しるしのあるメダカの数の割合が，池全体にいるメダカの数に対する，最初に捕《つか》まえてしるしをつけたメダカの数の割合と同じだと考えると，池にいるおよそのメダカの数を推定することができます。

※

(３)　最初にメダカを 27匹捕《ひきつか》まえ，全てにしるしをつけて池に戻《もど》しました。もう一度捕《つか》まえた時にはメダカを 36匹捕《びきつか》まえることができ，このうち 3匹《ひき》にしるしがついていました。このことから，池にはメダカが何匹《なんびき》いると考えられますか。計算した式とメダカの数を答えなさい。

式	答え
	匹

0.5

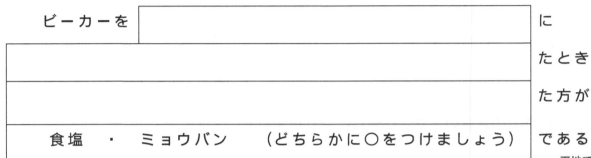

令和五年度
岡山理科大学附属中学校
適性検査Ⅱ

先生の指示があるまで，この用紙にさわってはいけません。

受験上の注意

1. コートを着たまま受験をしてもよろしい。コートをぬぐ場合は、いすの**せもたれ**にかけておきましょう。
2. 持ってきた受験票は、机にはってある番号カードの下にはさんでおきましょう。
3. 時計のアラームは切っておきましょう。計算きのついた時計は使えないので、カバンの中にしまいましょう。
けいたい電話は、今日の試験が終わるまで電げんスイッチを切り、上着ではなくカバンの中に入れておきましょう。
4. 机の上には、えん筆（シャープペンシル）数本、けしゴムを出しておきましょう。必要な人はティッシュペーパーを置いてもかまいません。予備のえん筆や筆ばこ、シャープペンシルのかえしんなどはカバンの中に入れましょう。けい光マーカー、辞書機能および電たく、通信機能を持った機器などは使ってはいけません。下じきは原則として使用できません。必要のないものはカバンの中にしまいましょう。
5. 検査の時間割は、受験票に書いてあります。検査の始まりから終わりまで、指示を聞いてから動きましょう。
6. この検査は、文章や資料を読んで、太字で書かれた課題に対して、答えやあなたの考えなどを書く検査です。課題ごとに、それぞれ指定された場所に書きましょう。
7. 検査用紙は，表紙（この用紙）をのぞいて三ページあります。指示があるまで、下の検査用紙を見てはいけません。
8. 試験開始の指示があってから、筆記用具を手にしてよろしい。受験番号をそれぞれの検査用紙の上部にある「受験番号」という空らんに記入しましょう。検査用紙すべてに書きましょう。名前は書かないようにしましょう。
9. 検査用紙の枚数が不足していたり、やぶれていたり、印刷のわるいところがあったりしたときは、静かに手をあげて先生に知らせてください。
10. この検査の時間は四十五分です。
11. 試験中に机の中のものをさわったり、他の受験生に話しかけたりしてはいけません。机の中のものを使いたいときや質問があるとき、また気分が悪くなったり、トイレに行きたくなったりしたときには、はっきりと手をあげて、先生を呼びましょう。
12. 物を落とした場合は、はっきりと手をあげて先生を呼び、拾ってもらいましょう。落としたものを自分で拾ってはいけません。
13. 全部の問題ができても、先生の指示があるまでは、席を立ったり話をしたりしてはいけません。
14. 「終わりの指示」があったら、
① 筆記用具をすぐに机の上に置きましょう。
② 検査用紙を表紙が一番上になるように机の中央において、回収するまで静かに待ちましょう。
③ 表紙（この用紙）と検査用紙は、持ち帰ってはいけません。

※すべての検査が終わるまで、指示なくほかの階に行ったり建物の外へ出たりしてはいけません。

受験番号	

※

※70点満点
（配点非公表）

課題1　次の2つの文章を読んで、あとの⑴から⑷に答えましょう。

一九六〇年代に「作者の死」という論文を発表した、フランス人の文芸批評家のロラン・バルトは次のように言っています。「ア読者の誕生は、『作者』の死によってあがなわ（注）なければならないのだ」と。

読書とは無限の遊び場である、と私は考えています。作品の感想を伝えると、「作者はそんなこと言ってない」と否定してくる人がいますが、私の感想の正誤をなぜ自分以外の人が判断できるのかわかりません。

作品読解は鑑賞者《かんしょうしゃ》に委ねられるべきものです。美術館のイベントなどで作者がとなりで解説してくれるのなら別ですが、読書は自分だけで行うものです。その作品世界に自己を没入《ぼつにゅう》させ、その世界で自由に「生きる」ことができます。神様の視点から登場人物をながめても、また、登場人物に自分を投影《とうえい》するのもいいでしょう。

そう考えたとき、作品の解釈《かいしゃく》にだれかが決めたルールは必要でしょうか。その世界はもはや自分の世界です。作品が読者の手元にわたったしゅんかんから、作者といえども、その世界に介入《かいにゅう》することはできないのです。

その作者の国せきや性別、過去の生き方などは作品の価値には無関係です。外国人が書いたから素晴らしい、男性が書いたから価値がない、そのような評価をする意味があるでしょうか。作品は作者から切りはなしてあつかわなければなりません。むしろ、そうであるからこそ、読者独自の読み方が可能となり、その作品の読解可能性を無限に広げることができるのです。つまり、解釈の答えは作者ではなく読者がにぎっているのです。

（『文章Ⅰ』船津　大祐）

読書において、作品を理解するということはどういうことでしょうか。作者からのメッセージを完全に理解するということ、と私は考えています。では、作者からのメッセージを理解するにはどうしたらいいのでしょうか。

まず必要なのは作者に関する知識です。どのような時代や文化が背景にあるのか、また作者自身の立ち位置や思想はどうなのか、ということと密接に関連付けすることで理解が深まる、また新たな意味で理解することができるのです。

たとえば『源氏物語』という作品があります。作者である紫式部《むらさきしきぶ》の生きていた平安時代の知識、また、彼女《かのじょ》の生い立ちや人間関係を知ることで、作者がこの作品で本当に伝えたかったメッセージを理解することが可能となるのです。『紫式部日記』という彼女の日記作品や、彼女について記述された文献《ぶんけん》を読むことで、作者がどんな人物なのかがはっきりしてくる、と同時に作品にこめられたテーマやメッセージも明確に立ち上がってくるのです。

最近はインターネットの普及《ふきゅう》により、このような作業が一層楽になりました。作者の名前をイ検索《けんさく》するだけで無数の情報が手に入ります。また、作者自身がYouTubeチャンネルやInstagramなどの個人サイトを持っており、そこで直接情報発信をしていることも多いからです。鑑賞者も多くの周辺情報を簡単に入手できるので、様々な角度から調べることができます。

また、同じ作者の別の作品にも注目するということも大事です。テーマはちがったとしても、やはり同じ作者なので、根幹にある部分というのは消し去ることができません。何を大事にしているのか、どのような考え方を持っているのか、そのような価値観を複数の作品にふれることで理解しやすくなります。新たな作品が生まれれば、また新たな解釈も生まれるかもしれません。その意味では読書とは無限に楽しめるものなのです。

このように、一つの作品を理解するさい、その作品だけの世界に留まっているのは非常にもったいないと言えるのです。

（『文章Ⅱ』船津　大祐）

注）「あがなう」・・・つぐなう、代しょうとする、埋め合わせをする、などの意味。

⑴　══「登場人物」「人間関係」「周辺情報」は、上の二字が下の二字を説明（修飾）する構成となる四字熟語です。同じ構成となる四字熟語を用いた一文を二つ書きましょう。ただし、本文に書いてある四字熟語を使ってはいけません。

受験番号

※

(2) ——部ア「読者の誕生は、『作者』の死によってあがなわなければならない」とありますが、どういうことかを四十字以内でわかりやすく書きましょう。（、や。や「」なども一字に数えます。）

40字

※

(3) ——部イ「検索するだけで無数の情報が手に入ります」とありますが、ある情報をインターネットで検索するとき、どのようなことに気を付けるべきだと思いますか。そう考えた理由とあわせて書きましょう。

※

(4) ２つの文章を整理するために、次のようなメモを作成しました。空欄①②に入る内容を考えて、①は十字以内、②は六十字以内でそれぞれ書きましょう。（、や。や「」なども一字に数えます。）

【メモ】

共通する要素 ＝ 読書とは ①

作品解釈の仕方の違い

文章Ⅰ ＝ 作者と作品を別物と考え、作品に書かれた内容だけから、読者自身の解釈をする。

文章Ⅱ ＝ ②

※ ※

①

10字

②

60字

※

課題２ 「読書の価値」について、あなたが考えたことを、理由や具体例などをまじえて二百字以内で書きましょう。（、や。や「」なども一字に数えます。段落分けはせずに、一マス目から書き始めましょう。）

100字

200字

受験番号	

※

課題３　先生と花子さんの次の会話文を読んで，（１）から（３）に答えましょう。

先生：今日は第一次産業に分類される，農業・林業・水産業について勉強しましょう。

花子：第一次産業とは，人間が自然に働きかけて営む産業のことでしたよね。

先生：そうだね。現在，この第一次産業で働く人たちは，以前と比べて減少していることは知っているよね。そこで，まずは農業から見ていきましょう。

花子：たしか，以前農業の分野では生産調整が行われていましたよね。

先生：その通り。ⓐ水田を減らして生産量を抑《おさ》える政策がとられていました。なぜ，このような政策がとられていたのか考えてみましょう。

（１）下線ⓐについて，なぜ政府はこのような政策を行ったのか説明しましょう。

※

花子：林業でも働く人の数は減っていますが，**資料１**を見ると日本国内の森林面積は，この約50年間ほぼ横ばいだったということが分かります。

先生：では，**資料２**から森林を構成する樹木の幹の体積を表す森林蓄積《ちくせき》が増加していることは読み取れたかな。

花子：はい。森林の面積は変わらないけれど，樹木は森林で確実に育っているということですよね。

先生：良いところに気が付きましたね。しかし，林業で働く人が減少して，さらに安い輸入木材が多く使われるようになったら，日本の森林はどうなってしまうのでしょう。

資料１：日本の森林面積の推移

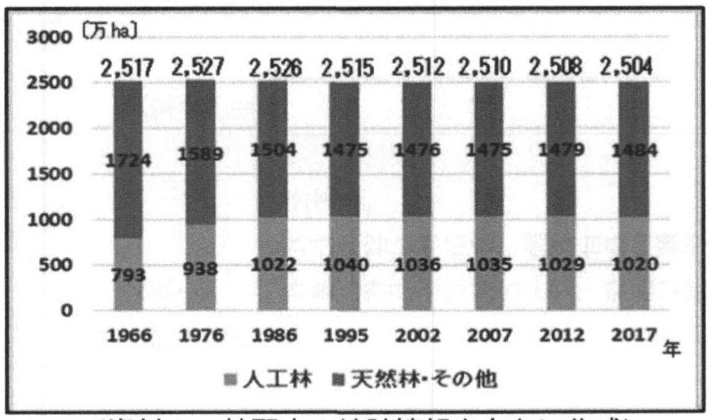

（資料１：林野庁の統計情報をもとに作成）

資料２：日本の森林蓄積の推移

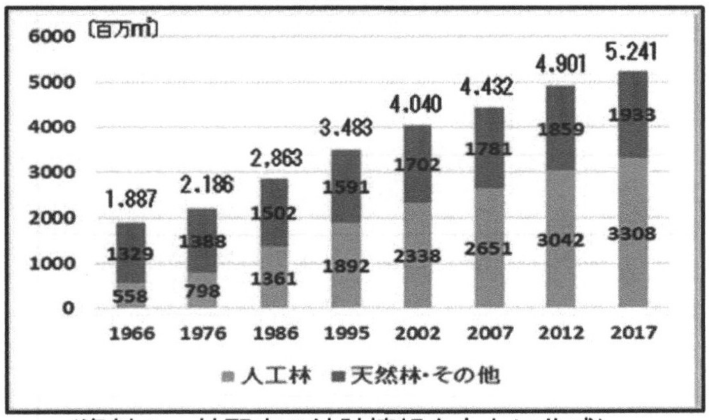

（資料２：林野庁の統計情報をもとに作成）

（２）資料１と資料２のグラフを読み取り，林業で働く人が減少することで，これから日本の森林はどのような状況になると考えますか。「間ばつ」という言葉を必ず用いて説明しましょう。

※

花子：最近，サンマ漁が不漁だと聞きましたが，お魚の数は減っているのですか。

先生：そうですね。日本国内の漁業・養殖《ようしょく》業の生産額で見た場合，最近は少し回復してきているように思いますが，1985年をピークに減少しています。海水温や海流などの海洋環境《かんきょう》の変化，外国漁船による漁獲《ぎょかく》の影響《えいきょう》など様々な要因があげられるよね。

花子：先生，ⓑ海洋ごみ問題も影響していると思います。私たちに何かできることがないか，みんなで話し合ってみます。

（３）下線ⓑについて，これはどのような問題が見られるのか説明し，この問題を解決するためにみなさんができる取り組み案を具体的な例を挙げて説明しましょう。

※

説明	
案	

令和五年度　岡山理科大学附属中学校

一次入学試験　選択教科型　（国　語）

先生の指示があるまで、この用紙にさわってはいけません。

受験上の注意

1．コートを着たまま受験をしてもよろしい。コートをぬぐ場合は、いすのせもたれにかけておきましょう。

2．持ってきた受験票は、机にはってある受験番号ふだの下にはさんでおきましょう。

3．時計のアラームは切っておきましょう。計算機のついた時計は使えないので、カバンの中にしまいましょう。けいたい電話は、今日の試験が終わるまで電げんスイッチを切り、上着ではなくカバンの中に入れておきましょう。

4．机の上には、えん筆（シャープペンシル）数本、けしゴム、単機能の時計と受験票を置きましょう。ティッシュペーパーが必要な場合は置いてもかまいません。下じきは原則として使ってはいけません。けい光マーカー、辞書機能を持った機器などは使用できません。筆ばこ、シャープペンシルのかえしんも机の上には置けません。必要のないものはカバンの中にしまいましょう。

5．試験の時間割は、受験票に書いてあります。試験の始まりから終わりまで、指示を聞いてから動きましょう。

6．問題用紙は、表紙（この用紙）をのぞいて四ページあります。解答用紙は一番下の一ページです。指示があるまで、下の問題用紙を見てはいけません。

7．解答用紙が一番下にとじてあるので，試験開始の指示があってから，問題用紙からていねいにはずしましょう。問題用紙のホッチキスは試験中にすべてはずしてもかまいません。

8．試験開始の指示があってから、筆記用具を手にしてよろしい。受験番号を解答用紙の右上にある受験番号という空らんに記入しましょう。名前は書かないようにしましょう。答えは解答用紙に書きましょう。

9．問題用紙と解答用紙の枚数が不足していたり、やぶれていたり、印刷のわるいところがあったりしたときは、静かに手をあげて先生に知らせてください。

10．この試験の時間は三十分間です。問題をよく見て，できるものから取りかかりましょう。

11．解答用紙の解答らんにある※のついた□のわくの中には、何も書かないでください。

12．試験中に机の中のものをさわったり、他の受験生に話しかけたりしてはいけません。机の中のものを使いたいときや質問があるとき、また気分が悪くなったり、トイレに行きたくなったりしたときには、はっきりと手をあげて、先生を呼びましょう。

13．物を落とした場合は、はっきりと手をあげて先生を呼び、拾ってもらいましょう。落としたものを自分で拾ってはいけません。

14．全部の問題ができても、先生の指示があるまでは、席を立ったり話をしたりしてはいけません。

15．「終わりの指示」があったら、

①　筆記用具をすぐに机の上に置きましょう。

②　解答用紙は表を上にして机の中央において、回収するまで静かに待ちましょう。

③　問題用紙を、机の中にしまいましょう。休けい時間になったら問題用紙はカバンの中に入れましょう。

※すべての試験が終わるまで、ほかの階に行ったり建物の外へ出たりしてはいけません。

国語

次のⅠ、Ⅱの文章をよく読み、あとの問題1～12に答えなさい。

Ⅰ

以下の文章は、次の質問に対して国立国語研究所の研究者が寄せた回答です。

「コンディション」には、「状態」や「調子」では言い表せない特別な意味があるのでしょうか

（国語の問題一）

（国立国語研究所編「日本語の大疑問　眠《ねむ》れなくなるほど面白《おもしろ》いことばの世界」）

＊概念……ある物事に対して抱《いだ》かれる共通認識《にんしき》のこと。

問題1　――線②③④のカタカナを漢字で、①⑤の漢字の読みをひらがなで、それぞれ書きなさい。

①　前提　②　シュジュツ　③　チャクモク　④　ハイケイ　⑤　効果

問題2　＝＝線ア～エの助詞《じょし》「と」について、それぞれの説明として当てはまるものを、次の①～④の中から番号で答えなさい。

①　「～とともに」という意味での「共同の相手」を示す。
②　「比較《ひかく》の基準」を示す。
③　思考・表現の内容を示す。
④　「そのとき・その場合」という条件を示して下に続く。

問題3　〰〰線「胃腸」の「胃」と同じ部首の漢字を、次のア～エの中から一つ選んで、記号で答えなさい。

ア　畳《たたみ》　イ　胸　ウ　男　エ　有

問題4　[い]に当てはまる言葉を次のア～エの中から一つ選んで、記号で答えなさい。

ア　才能や腕前《うでまえ》などが試《ため》され、多くの人を運命を左右する
イ　一刻《いっこく》一秒を争ったり、素早《すばや》い判断力が必要とされる
ウ　もし成果を収《おさ》めれば、周囲の人から賞賛を浴びる
エ　勝ち負けや成功不成功など、結果のよしあしが出る

問題5　[ろ]～[ほ]に当てはまる語句を、次のア～オの中から一つずつ選んで、記号で答えなさい。

ア　固定的　イ　独自　ウ　緩《ゆる》やか　エ　ばらばら

（国語の問題二）

問題6　この文章を読んだ岡山《おかやま》さんと半田さんの会話を読み、次の［へ］と［と］に当てはまるものを後のア～エの中から一つずつ選んで、記号で答えなさい。また〰〰線部分を表現したものとして適切な図を①～③の中から一つ選び番号で答えなさい。

《　会話　》

岡山さん：この文章を読んで、外来語の取り入れ方に三つのパターンがあることがわかったよ。

半田さん：そうね。まず「それまでになかった事物や概念を取り入れたもの」だけど、「インターネット」は、それが無かった時代には存在しなかった言葉ということね。だったら「［へ］」も当てはまるわ。

岡山さん：二つ目は「新しさを積極的に打ち出すために取り入れられた外来語」だけど、「［と］」という外来語は、これに入るんじゃないかな。

半田さん：もう一つは「独自の用法として差別化する必要から取り入れられたもの」だけど……。ちょっと難《むずか》しいわね。

岡山さん：あっ。この文章のもとの本には、三つのパターンを図で示したものが載《の》っているよ。

ア　ブドウ　　イ　キラキラ　　ウ　スイーツ　　エ　ハンバーガー

【図】

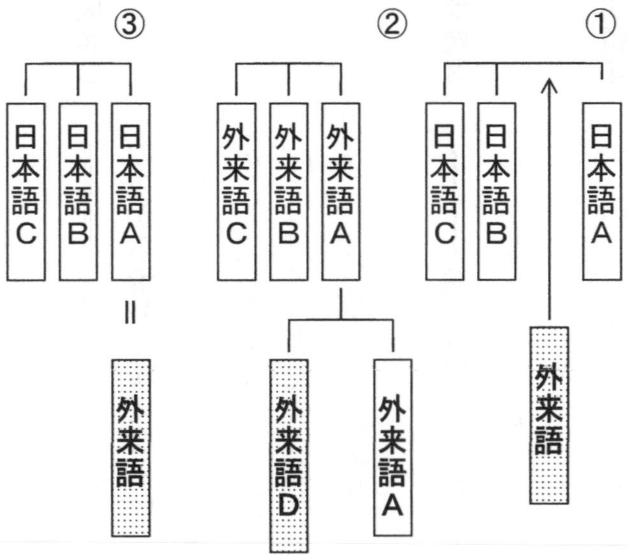

Ⅱ

お詫び
著作権上の都合により、文章は掲載しておりません。
ご不便をおかけし、誠に申し訳ございません。
教英出版

（国語の問題三）

お詫び
著作権上の都合により、文章は掲載しておりません。
ご不便をおかけし、誠に申し訳ございません。
教英出版

（国立国語研究所編「日本語の大疑問　眠れなくなるほど面白いことばの世界」）

※問題作成の都合《つごう》上、途中《とちゅう》省略した部分があります。

＊逸脱……正しい筋道から外《はず》れること。
＊拍……日本語のリズムの単位。多くはカナ1文字が1拍に相当する。

問題7　［い］～［ほ］には「長」「短」どちらかの文字が入ります。当てはまる方の漢字を書きなさい。

問題8　〰〰線「略語なしではやっていけない現実がある。」とはどのような意味ですか。当てはまるものを次のア～エの中から一つ選んで、記号で答えなさい。

ア　私たちの言語生活が、正式ではない略語に毒されているということ。
イ　むしろ、今の日本は、略語を積極的に使う時期にきているということ。
ウ　略語が定着し、それ以外に表現の仕方がない場合も多いということ。
エ　略語がなければ何一つ表現できないようになってしまったということ。

問題9　――線「まことに」は、ある状態の程度を表す副詞《ふくし》で、「程度の副詞」とよばれているものです。次のア～エの中から「程度の副詞」が使われているものを一つ選んで、記号で答えなさい。

ア　もし彼から知らせが来たら、連絡します。
イ　おそらく明日は雨だろう。
ウ　試合に勝つためにひたすら練習した。
エ　スカイツリーがはっきりと見えた。

問題10　略語を使う利点とは何でしょうか。解答欄《かいとうらん》に合うように［Ⅱ］の文中から十七字以内で抜《ぬ》き出《だ》しなさい。

（　　十七字　　）ことができるという点。

問題11　外来語や略語は日本語の語彙を豊かにするものとして大切ですが、使い方には注意が必要です。文章ⅠⅡを参考に、どういう注意がなぜ必要なのか、具体的な例をあげて説明しなさい。

（国語の問題四）

令和５年度　岡山理科大学附属中学校
一次入学試験　選択教科型　（算　数）

先生の指示があるまで，この用紙にさわってはいけません。

受験上の注意

1．コートを着たまま受験をしてもよろしい。コートをぬぐ場合は，いすのせもたれにかけておきましょう。
2．持ってきた受験票は，机にはってある受験番号ふだの下にはさんでおきましょう。
3．時計のアラームは切っておきましょう。計算きのついた時計は使えないので，カバンの中にしまいましょう。けいたい電話は，今日の試験が終わるまで電げんスイッチを切り，上着ではなくカバンの中に入れておきましょう。
4．机の上には，えん筆（シャープペンシル）数本，けしゴム，直定規，コンパス，単機能の時計と受験票を置きましょう。ティッシュペーパーが必要な場合は置いてもかまいません。下じきは原則として使ってはいけません。三角定規，分度器，けい光マーカー，計算や辞書機能を持った機器などは使用できません。筆ばこ，シャープペンシルのかえしん，コンパスの入れ物も机の上には置けません。必要のないものはカバンの中にしまいましょう。
5．試験の時間割は，受験票に書いてあります。試験の始まりから終わりまで，指示を聞いてから動きましょう。
6．問題用紙は，表紙（この用紙）をのぞいて４ページあります。解答用紙は一番下の１ページです。指示があるまで，下の問題用紙を見てはいけません。
7．解答用紙が一番下にとじてあるので，試験開始の指示があってから，問題用紙からていねいにはずしましょう。問題用紙のホッチキスは試験中にすべてはずしてもかまいません。
8．試験開始の指示があってから，筆記用具を手にしてよろしい。受験番号を解答用紙の左上にある受験番号という空らんに記入しましょう。名前は書かないようにしましょう。答えは解答用紙に書きましょう。
9．問題用紙と解答用紙の枚数が不足していたり，やぶれていたり，印刷のわるいところがあったりしたときは，静かに手をあげて先生に知らせてください。
10．この試験の時間は３０分間です。問題をよく見て，できるものから取りかかりましょう。
11．解答用紙には，それぞれの解答らんに**答えのみ**を記入しなさい。
12．解答用紙の解答らんの横にある※のついた□のわくの中には，何も書かないでください。
13．試験中に机の中のものをさわったり，他の受験生に話しかけたりしてはいけません。机の中のものを使いたいときや質問があるとき，また気分が悪くなったり，トイレに行きたくなったりしたときには，はっきりと手をあげて，先生を呼びましょう。
14．物を落とした場合は，はっきりと手をあげて先生を呼び，拾ってもらいましょう。落としたものを自分で拾ってはいけません。
15．全部の問題ができても，先生の指示があるまでは，席を立ったり話をしたりしてはいけません。
16．「終わりの指示」があったら，
　①　筆記用具をすぐに机の上に置きましょう。
　②　解答用紙は表を上にして机の中央において，回収するまで静かに待ちましょう。
　③　問題用紙を，机の中にしまいましょう。休けい時間になったら問題用紙はカバンの中に入れましょう。

※すべての試験が終わるまで，ほかの階に行ったり建物の外へ出たりしてはいけません。

令和５年度　一次入学試験　選択教科型　(算数)　問題用紙

1　次の (1) ～ (4) の計算をして，答えを書きなさい。

(1)　$14 \div \{9 - 6 \div (11 - 8)\} \times 4$

(2)　$18 \div 3 + 3 \times 4 - 1$

(3)　$4.55 + \{6.3 - (5 \div 1.25 + 2 \times 0.55)\}$

(4)　$\dfrac{5}{4} \div \left\{2 \div 6 \div \left(\dfrac{1}{3} - \dfrac{1}{9}\right)\right\} + \dfrac{3}{2}$

2　次の (1) ～ (4) の問いに答えなさい。

(1)　時速 $4\frac{1}{2}$ km で歩くと 6 時間かかる道のりを 5 時間で歩くには，時速何 km で歩けばよいか求めなさい。

(2)　ある商品を 4000 円で仕入れて，2 割 5 分増しの定価をつけました。しかし，定価では売れなかったので，その商品を定価の 15 ％引きで売りました。このとき，いくらの利益になるか求めなさい。

(3)　A，B，C，D の 4 台の車があります。パンフレットを見ると，自動車 A はガソリン 35 L で 770 km 走り，自動車 B は 40 L で 850 km 走り，自動車 C は 20 L で 450 km 走り，自動車 D は 25 L で 600 km 走ります。
各車一定量のガソリンで，一定の速さで止まることなく走り続けるとき，どの自動車が一番遠くまで走れるか答えなさい。

(4)　A さん，B さん，C さん，D さんの 4 人 1 組でリレーをすることになりました。4 人で話し合って走順を決めます。Aさんが 3 番目に走るのは全部で何通りあるか答えなさい。

3 2と3のような1つちがいの整数を2個とって，それぞれを分母とする単位分数を2個つくると，その差は必ず次の例のように，分母をかけ算で表すことができます。このことを用いて，次の(1)～(2)の問いに答えなさい。

例　$\frac{1}{2}-\frac{1}{3}=\frac{3}{2\times3}-\frac{2}{2\times3}=\frac{1}{2\times3}$

(1)　$\frac{1}{30}$ を2個の単位分数の引き算に書きかえなさい。

(2)　(1)を利用して $\frac{1}{6}+\frac{1}{12}+\frac{1}{20}+\frac{1}{30}+\frac{1}{42}$ を計算しなさい。

4 Aさんは何円かのお金を持って買い物へ行きました。はじめに持っていたお金の $\frac{1}{7}$ を使い，次に残りの $\frac{1}{6}$ を使い，次々に残りの $\frac{1}{5}$，$\frac{1}{4}$，$\frac{1}{3}$，$\frac{1}{2}$ と順に使いました。このとき，(1)～(2)の問いに答えなさい。

(1)　Aさんがはじめに持っていた金額が3500円のとき，最後に残った金額を求めなさい。

(2)　最後に残った金額が600円のとき，Aさんがはじめに持っていた金額を求めなさい。

5 下の図のように，直線PQに対して1辺が 2 cmの正三角形ABCと1辺が4 cmの正三角形DEFが位置しています。頂点Cと頂点Eが重なった状態から正三角形ABCを正三角形DEFにそってすべることなく転がし，正三角形ABCの頂点の 1つが頂点Fに重なるまで移動させます。下の図の点線は各点が動いたあとを示しています。
このとき，次の(1)～(3)に答えなさい。ただし，円周率は3.14として計算しなさい。

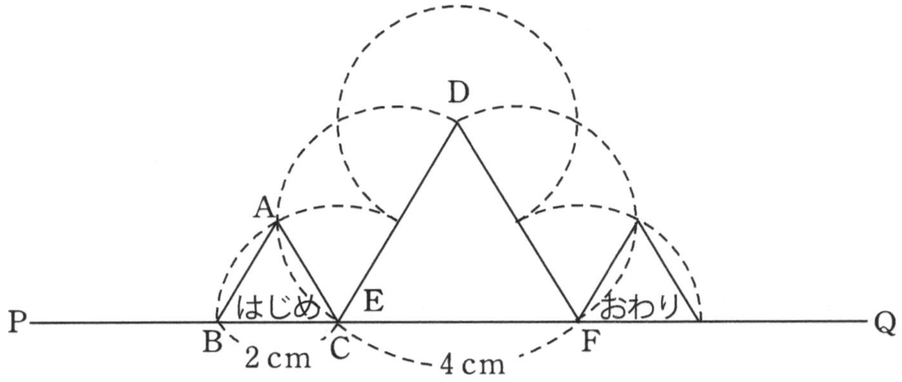

(1)　正三角形DEFの頂点Dと正三角形ABCの頂点が重なるとき，正三角形ABCのどの頂点がDと重なるか答えなさい。

(2)　頂点Cの動いたあとを点線の上にかきなさい。

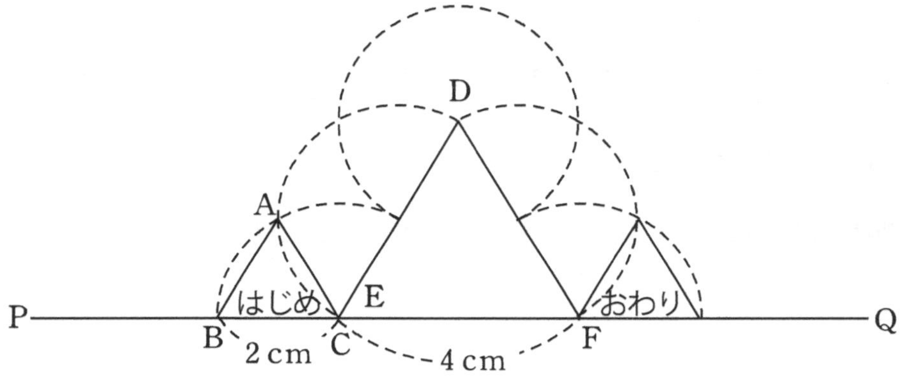

(3)　頂点A，B，Cのうち，動いたあとがもっとも短いのはどの頂点か答えなさい。また，その頂点は何cm動いたか答えなさい。

6 下の図のように，縦 4 cm，横 20 cm，高さ 8 cm の直方体を面 AEHD で切断しました。さらに面 IJKL，MNOP が切断面になるように 3 つの立体に分けました。次の (1) ～ (4) の問いに答えなさい。

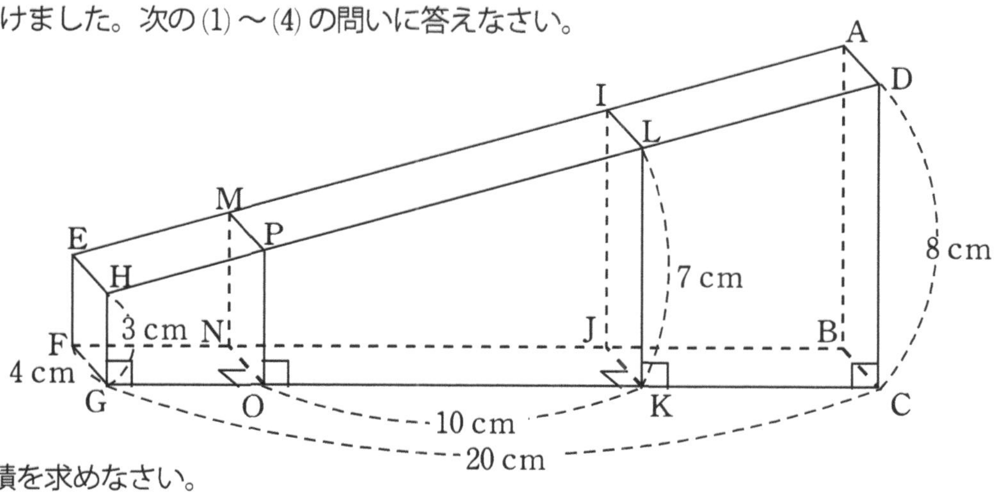

(1)　全体の立体 ABCD - EFGH の体積を求めなさい。

(2)　辺 KC の長さを求めなさい。

(3)　辺 PO の長さを求めなさい。

(4)　全体の立体 ABCD - EFGH と切断した右側の立体 ABCD - IJKL との体積の比を求めなさい。

令和５年度　岡山理科大学附属中学校
一次入学試験　選択教科型　（理　科）

先生の指示があるまで，この用紙にさわってはいけません。

受験上の注意

１．コートを着たまま受験をしてもよろしい。コートをぬぐ場合は，いすの**せもたれ**にかけておきましょう。
２．持ってきた受験票は，机にはってある受験番号ふだの下にはさんでおきましょう。
３．時計のアラームは切っておきましょう。計算機のついた時計は使えないので，カバンの中にしまいましょう。けいたい電話は，今日の試験が終わるまで電げんスイッチを切り，上着ではなくカバンの中に入れておきましょう。
４．机の上には，えん筆（シャープペンシル）数本，けしゴム，直定規，単機能の時計と受験票を置きましょう。ティッシュペーパーが必要な場合は置いてもかまいません。下じきは原則として使ってはいけません。筆ばこ，シャープペンシルのかえしん，三角定規，分度器，けい光マーカー，計算や辞書機能を持った機器などは使用できません。必要のないものはカバンの中にしまいましょう。
５．試験の時間割は，受験票に書いてあります。試験の始まりから終わりまで，指示を聞いてから動きましょう。
６．問題用紙は，表紙（この用紙）をのぞいて４ページあります。解答用紙は一番下の１ページです。指示があるまで，下の問題用紙を見てはいけません。
７．解答用紙が一番下にとじてあるので，試験開始の指示があってから，問題用紙からていねいにはずしましょう。問題用紙のホッチキスは試験中にすべてはずしてもかまいません。
８．試験開始の指示があってから，筆記用具を手にしてよろしい。受験番号を解答用紙の左上にある受験番号という空らんに記入しましょう。名前は書かないようにしましょう。答えは解答用紙に書きましょう。
９．問題用紙と解答用紙の枚数が不足していたり，やぶれていたり，印刷のわるいところがあったりしたときは，静かに手をあげて先生に知らせてください。
10．この試験の時間は３０分間です。問題をよく見て，できるものから取りかかりましょう。
11．解答用紙の解答らんの横にある※のついた□のわくの中には，何も書かないでください。
12．試験中に机の中のものをさわったり，他の受験生に話しかけたりしてはいけません。机の中のものを使いたいときや質問があるとき，また気分が悪くなったり，トイレに行きたくなったりしたときには，はっきりと手をあげて，先生を呼びましょう。
13．物を落とした場合は，はっきりと手をあげて先生を呼び，拾ってもらいましょう。落としたものを自分で拾ってはいけません。
14．全部の問題ができても，先生の指示があるまでは，席を立ったり話をしたりしてはいけません。
15．「終わりの指示」があったら，
　①　筆記用具をすぐに机の上に置きましょう。
　②　解答用紙は表を上にして机の中央において，回収するまで静かに待ちましょう。
　③　問題用紙を，机の中にしまいましょう。休けい時間になったら問題用紙はカバンの中に入れましょう。

※すべての試験が終わるまで，ほかの階に行ったり建物の外へ出たりしてはいけません。

理　科

1　動物のからだをつくる骨に興味をもったネネさんとメイさんは，いろいろな動物の骨について調べました。次の問いに答えなさい。

ネネさん：骨が主に何からできているか調べると，タンパク質や水以外に（　A　）もふくまれていることがわかったわ。

メイさん：①（　A　）は，（　B　）などの食べ物に多くふくまれているわね。

ネネさん：私たち，ヒトのからだには 200 以上の多くの骨があるけれど，空を飛ぶ鳥の骨の数はヒトとくらべると少ないね。

メイさん：鳥は，空を飛ぶために，②骨のつくりにも特徴《とくちょう》があるよ。

(1)　下線部①について，（　A　）に当てはまるものを1つ答えなさい。また，（　B　）に当てはまる食べ物は何ですか。次の**ア**～**カ**から最も適切なものを1つ選び，記号で答えなさい。

ア　キュウリ　　**イ**　米　　**ウ**　チーズ
エ　たまご　　**オ**　鳥肉　　**カ**　バター

(2)　下線部②について，空を飛ぶための鳥の骨のつくりの特徴は何ですか。ヒトとくらべて，その特徴を説明しなさい。

(3)　右の**図１**は，ヒト，イヌ，ウマのかかとの骨（色付けした部分）をくらべたものです。ヒトはかかとが地面についており，イヌ，ウマはかかとが地面につかず，つま先立ちをしています。「ヒト」と「イヌ・ウマ」の動物の骨は，それぞれ何のためにそのようについていますか。説明しなさい。

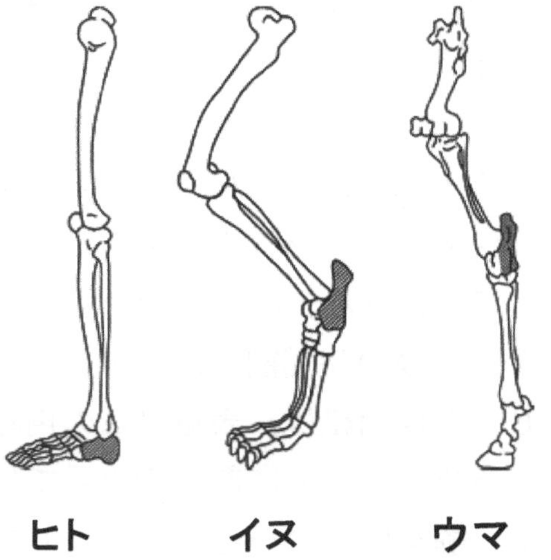

図１

(4)　右の**図２**は，ヒトのひじの上下の骨，上部の筋肉を示しています。ヒトが**図２**のようにひじを曲げるとき，A，Bの筋肉はどうなりますか。次の**ア**～**ウ**から選び，記号で答えなさい。

ア　縮《ちぢ》む　　**イ**　のびる　　**ウ**　変化しない

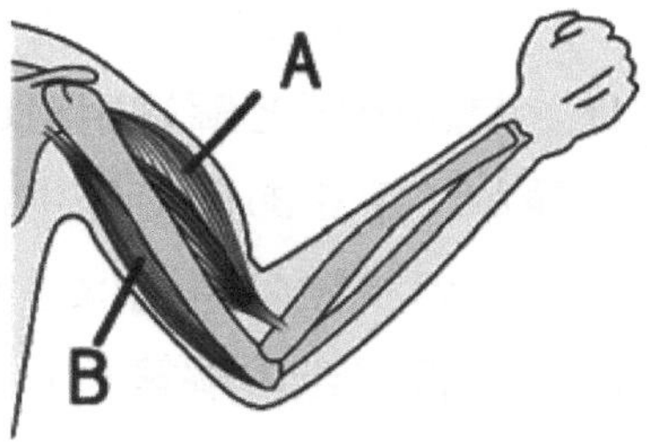

図２

2 カナさんは身近なペットボトルについて調べました。次の問いに答えなさい。

(1) ペットボトルは，すべてプラスチックからできています。では，プラスチックは何からつくられていますか。

(2) ペットボトルは，右の**図３**のようにキャップ，リング，容器，ラベル（写真なし）からなり，プラスチックの材料は**表１**のようにそれぞれ異なっています。次の文は，これらのプラスチックを分別する方法を説明したものです。（ Ａ ），（ Ｂ ）に当てはまる内容をそれぞれ答えなさい。ただし，下の**表１**の，ペットボトルをつくる3種類のプラスチックと2種類の液体の密度を参考に答えなさい。また，密度は，体積1cm^3あたりの重さ(g)を示したものです。

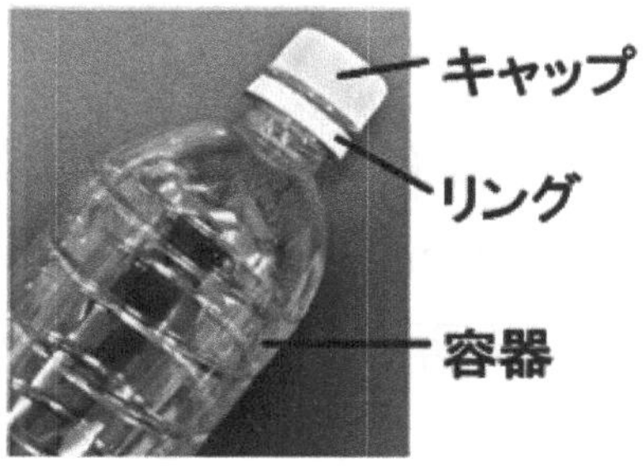

図３

手順① キャップとリング，容器，ラベルすべてを細かくくだき，ばらばらにする。

手順② （ Ａ ）ことで，ポリエチレンテレフタラート・ポリスチレンと，ポリプロピレンに分ける。

手順③ （ Ｂ ）ことで，ポリエチレンテレフタラートと，ポリスチレンに分ける。

表１

＜プラスチック＞	密度
ポリエチレンテレフタラート	1.37
ポリスチレン	1.06
ポリプロピレン	0.90
＜液体＞	密度
水	1.00
グリセリン	1.26

(3) 飲料用容器にペットボトルが使われる前は，ガラスや缶《かん》などが多く使われていました。次の①，②がもつ特徴を下の**ア**～**エ**から1つずつ選び，記号で答えなさい。

① ペットボトル，ガラス，缶すべてがもつ　　② ペットボトルのみがもつ

ア 軽くて割れにくい　**イ** 電気を通さない　**ウ** さびない　**エ** リサイクルできる

(4) プラスチックゴミが海へ流れ，細かなプラスチック片（5mm 以下）として残り続けることが問題となっています。このプラスチック片を何といいますか。また，このような問題が起こるのは，プラスチックのどのような特徴によるものですか。説明しなさい。

(5) (4)のプラスチック片を減らすために，私たちができることを1つ考え，説明しなさい。

3 ナナさんは，日本の天気について調べました。次の問いに答えなさい。

(1) **図4**は雨量計で，直径 20cm のつつ状の形をしています。また，この雨量計の周囲には，芝生《しばふ》が植えられています。なぜですか。説明しなさい。

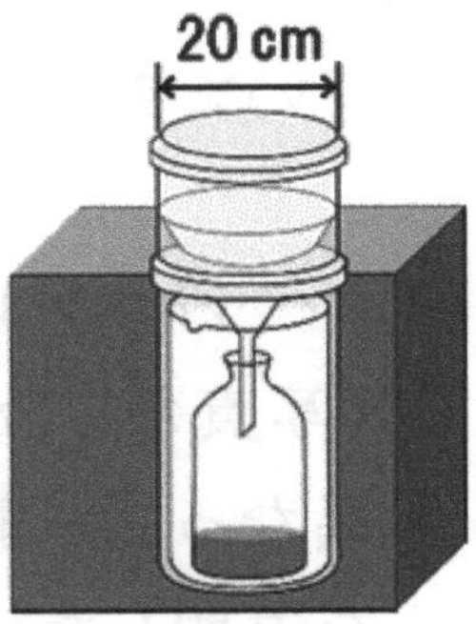

図4

(2) 雨量は，1時間の間に雨量計にたまった水の量の深さではかります。例えば5mm たまれば，「5mm」の雨量になります。**図4**の雨量計の置かれた同じ場所に，直径 50cm のつつ状の同じ形の雨量計を置き，雨水が深さ 10mm たまったとします。そのときの雨量は何 mm ですか。

(3) ナナさんは，**図5**のような形の容器をつくり，容器にたまる水の量と深さを調べました。

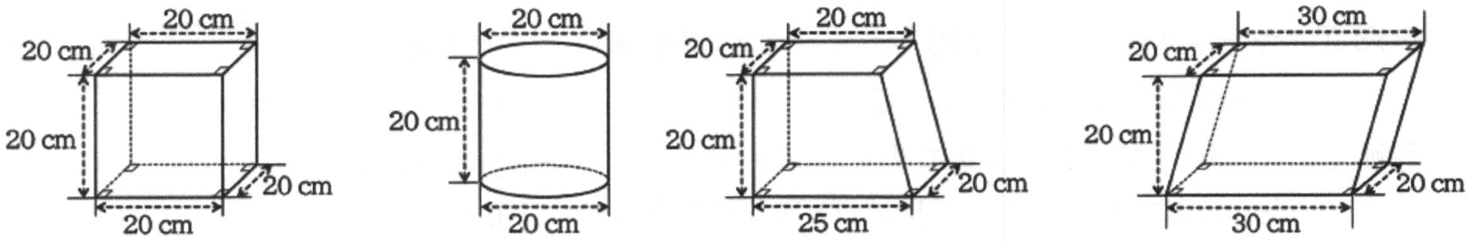

容器A　**容器B**　**容器C**　**容器D**

図5

① たまる水の量が最も少ない容器はどれですか。次の**ア～オ**から選び，記号で答えなさい。

ア　**容器A**　**イ**　**容器B**　**ウ**　**容器C**　**エ**　**容器D**　**オ**　どの容器も同じ

② たまる水の深さが最も浅い容器はどれですか。①の**ア～オ**から選び，記号で答えなさい。

(4) ナナさんは，**表2**のように岡山市の連続する5日間の気温を調べました。**表2**には，雨と考えられる日が1日ありますが，何日ですか。また，そう考えられる理由を説明した次の文の（ **A** ）～（ **D** ）に当てはまる内容をそれぞれ答えなさい。

晴れの日とくらべて，雨の日は，最高気温が（ **A** ），最低気温が（ **B** ）なり，その差が（ **C** ）なることが多い。また，1日の平均気温が最も（ **D** ）なることが多い。

表2

日にち	最高気温(℃)	最低気温(℃)	平均気温(℃)
18日	27.4	11.0	19.3
19日	27.9	12.2	20.2
20日	24.5	15.2	19.2
21日	21.6	16.2	18.6
22日	28.1	13.1	21.5

(5) 雨の日が(4)のような最高気温になるのはなぜですか。「太陽」「雲」「熱」の語を用いて説明しなさい。

4 マホさんは，**図6**のような磁石を用いて実験を行いました。次の問いに答えなさい。
なお，使う磁石はすべて同じ磁力で，**図7**・**図8**のくぎは鉄製とします。

図6

図7

図8

(1) 銅，アルミニウムの2種類の金属に磁石を近づけたとき，金属は磁石に引きつけられますか。引きつけられる場合は○，引きつけられない場合は×と答えなさい。

(2) **図7**のように，磁石にくぎ**A**を引きつけ，ぶらさげた状態にしました。**図7**のくぎ**A**に次の①～③のように，別の磁石やくぎを近づけたとき，**図7**のくぎ**A**はどうなりますか。次の**ア**～**ウ**から選び，記号で答えなさい。同じ記号をくり返し選んでもよろしい。

①

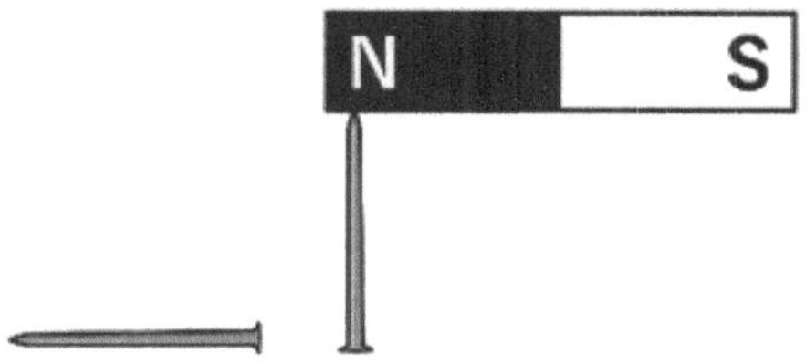

②

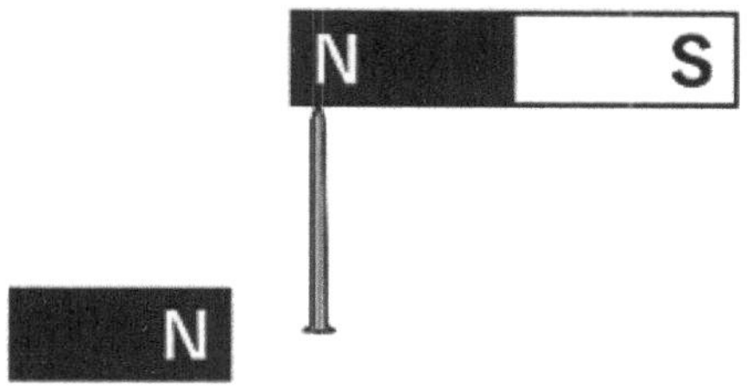

③

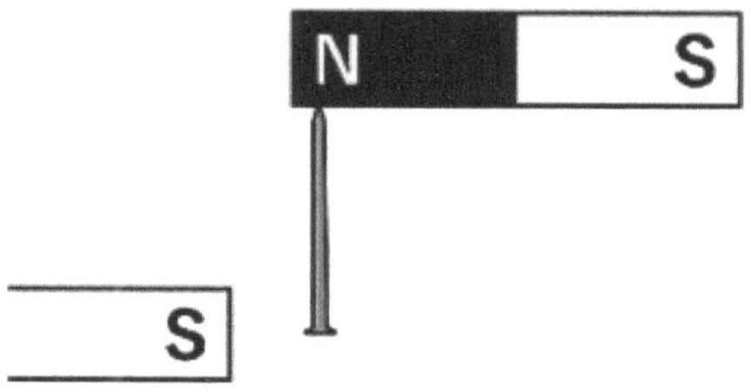

ア 反発する　　**イ** 引きつけられる　　**ウ** 動かない

(3) **図8**のように，2本のくぎを磁石のN極にぶら下げて，手を離《はな》すどうなりますか。次の**ア**～**ウ**から1つ選び，記号で答えなさい。

ア 同じ間隔《かんかく》で並ぶ

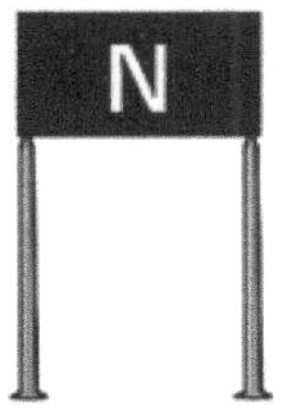

イ 広がる

ウ 閉じる

(4) **図9**は電源タップ，**図 10** は扇風機《せんぷうき》のリモコンです。**図9**，**図 10** を説明した次の文の（ ① ）（ ② ）に当てはまる語を答えなさい。

テレビとパソコンをそれぞれ**図9**でつなぐとき，（ ① ）つなぎになる。また，**図 10** はリモコンの電池を入れる部分で，リモコンは電池 1 本では動かないことから，2 本の電池は（ ② ）つなぎになる。

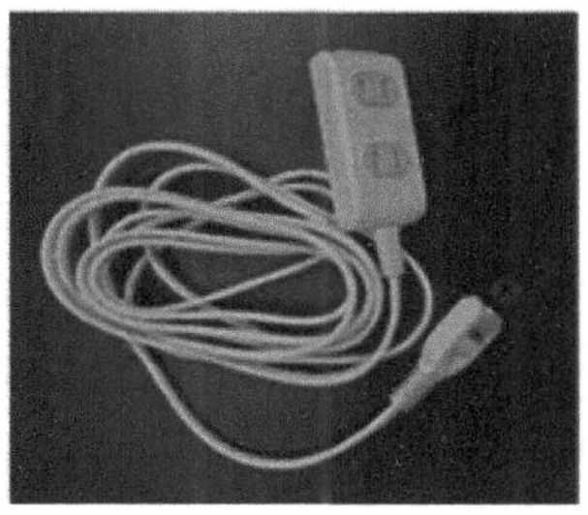

図9

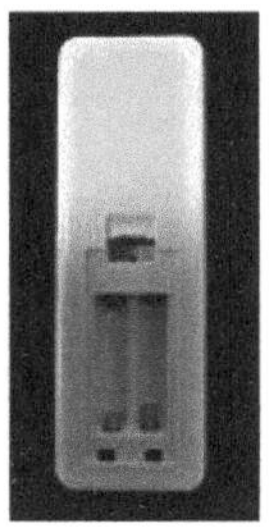

図 10

2023(R5) 岡山理科大学附属中　1次（教科）
教英出版　理5の5

令和５年度　岡山理科大学附属中学校
一次入学試験　選択教科型　（社　会）

先生の指示があるまで，この用紙にさわってはいけません。

受験上の注意

１．コートを着たまま受験をしてもよろしい。コートをぬぐ場合は，いすのせもたれにかけておきましょう。
２．持ってきた受験票は，机にはってある受験番号ふだの下にはさんでおきましょう。
３．時計のアラームは切っておきましょう。計算機のついた時計は使えないので，カバンの中にしまいましょう。けいたい電話は，今日の試験が終わるまで電げんスイッチを切り，上着ではなくカバンの中に入れておきましょう。
４．机の上には，えん筆（シャープペンシル）数本，けしゴム，単機能の時計と受験票を置きましょう。ティッシュペーパーが必要な場合は置いてもかまいません。下じきは原則として使ってはいけません。筆ばこ，シャープペンシルのかえしん，三角定規，分度器，けい光マーカー，計算や辞書機能を持った機器などは使用できません。必要のないものはカバンの中にしまいましょう。
５．試験の時間割は，受験票に書いてあります。試験の始まりから終わりまで，指示を聞いてから動きましょう。
６．問題用紙は表紙（この用紙）をのぞいて５ページあります。解答用紙は一番下の１ページです。指示があるまで，下の問題用紙・解答用紙を見てはいけません。
７．解答用紙が一番下にとじてあるので，試験開始の指示があってから，問題用紙からていねいにはずしましょう。問題用紙のホッチキスは試験中にすべてはずしてもかまいません。
８．試験開始の指示があってから，筆記用具を手にしてよろしい。受験番号を解答用紙の左上にある受験番号という空らんに記入しましょう。名前は書かないようにしましょう。答えは解答用紙に書きましょう。
９．問題用紙と解答用紙の枚数が不足していたり，やぶれていたり，印刷のわるいところがあったりしたときは，静かに手をあげて先生に知らせてください。
10．この試験の時間は３０分間です。問題をよく見て，できるものから取りかかりましょう。
11．解答用紙の解答らんの横にある※のある□のわくの中には，何も書かないでください。
12．試験中に机の中のものをさわったり，他の受験生に話しかけたりしてはいけません。机の中のものを使いたいときや質問があるとき，また気分が悪くなったり，トイレに行きたくなったりしたときには，はっきりと手をあげて、先生を呼びましょう。
13．物を落とした場合は，はっきりと手をあげて先生を呼び，拾ってもらいましょう。落としたものを自分で拾ってはいけません。
14．全部の問題ができても，先生の指示があるまでは，席を立ったり話をしたりしてはいけません。
15．「終わりの指示」があったら，
①　筆記用具をすぐに机の上に置きましょう。
②　解答用紙は表を上にして机の中央において，回収するまで静かに待ちましょう。
③　問題用紙を，机の中にしまいましょう。休けい時間になったら問題用紙はカバンの中に入れましょう。

※すべての試験が終わるまで，ほかの階に行ったり建物の外へ出たりしてはいけません。

社　会

1　はなこさんは、中部地方を流れる木曽川《きそがわ》付近における川の流域のくらしを考えるために、資料Ⅰ～資料Ⅳを準備しました。これらの資料を見ながら、あとの問いに答えなさい。

資料Ⅰ　世界の主な川の長さとかたむき

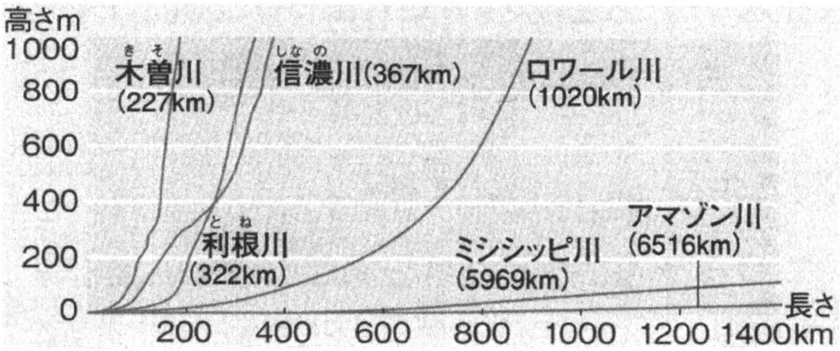

資料Ⅱ　木曽川付近の伝統的な建物

資料Ⅲ

（海津市ホームページより）

資料Ⅳ

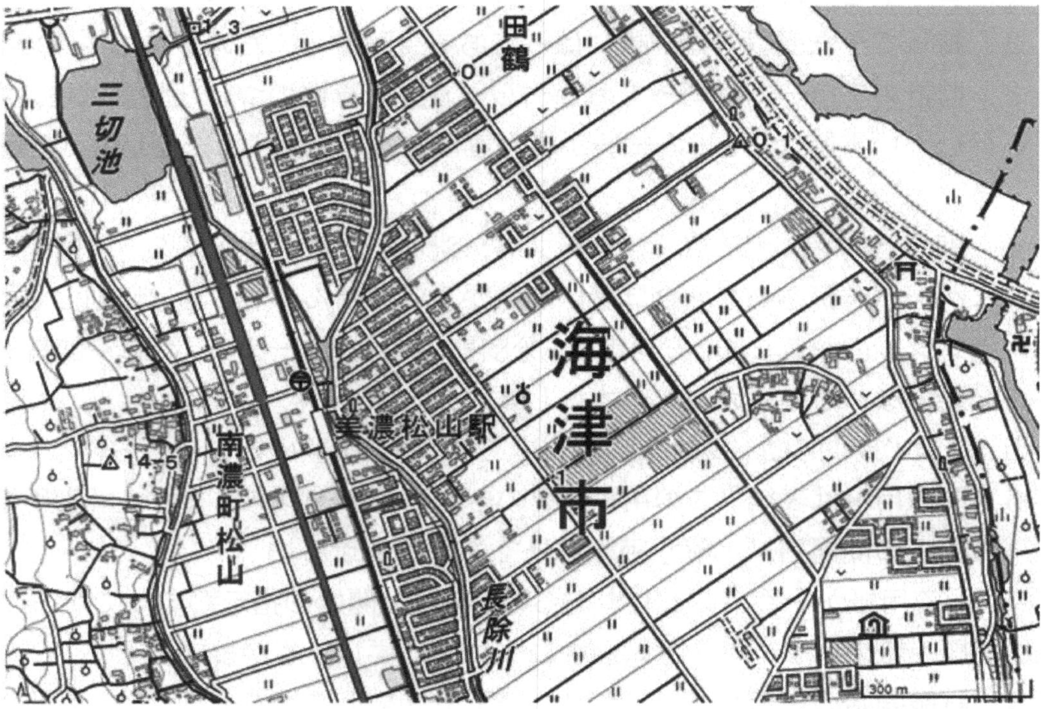

（地理院地図より）

(1)　資料Ⅰを見て、外国の川と比べて、日本の川の特ちょうはどのようなことか、「流速」という言葉を必ず用いて説明しなさい。

(2)　次の文は、木曽川下流域について説明したものです。文中の空らん②と④にあてはまる語句と短文をそれぞれ答えなさい。

> 長い年月をかけて木曽川をはじめとする①川の上流に降った雨が川となって山の土や砂を運び、海だったところが少しずつ陸地に変わって平野ができあがりました。この平野の名前は［　②　］平野といいます。この平野には養分を多くふくむ土があり、農業をするのに適していました。しかし木曽川下流は、他の二つの川と合わさって網《あみ》の目状に流れていて、標高の低い土地ということもあり、昔から③自然災害が発生しやすいところでした。資料Ⅱのような伝統的な建物は、この自然災害が発生した場合に被害《ひがい》を少なくするため［　　　④　　　］つくりになっています。1887年から25年かけて⑤川の流れを改修する工事が行われ、ようやくこの自然災害が少なくなりました。

【農林水産省東海農政局ホームページをもとに作成】

(3)　上の文中の下線部①をたくわえる役割をはたしている日本の森林について述べたものとしてあてはまらないものを、次のア～エから一つ選びなさい。

ア　日本の国土の３分の２の面積が森林である。　　イ　国内の森林のほとんどが天然林である。
ウ　建築材料や木工品の原材料を産出している。　　エ　空気や水をきれいにする役割をはたす。

(4)　文中の下線部③にあてはまる自然災害が増えた原因を、次のア～エから一つ選びなさい。
　ア　川の上流で合成洗剤《せんざい》を多く利用するようになったから。
　イ　下流域で水田面積が大はばに増えたから。
　ウ　天気の変化で集中豪雨《しゅうちゅうごうう》が増えたから。
　エ　節水が進んで水の利用量が減ったから。

(5)　文中の下線部⑤に関して、この自然災害による被害《ひがい》を減らすために行われている取り組みとしてあてはまらないものを、次のア～エから一つ選びなさい。
　ア　公《おおやけ》の力だけで全員救助できるよう、市は強大な消防機関を整備する必要がある。
　イ　災害発生にそなえて、地域住民と関係機関が協力して総合防災訓練を行う必要がある。
　ウ　災害発生時には、となり近所の人同士声かけをしながら助け合うことが必要である。
　エ　川沿いの堤防《ていぼう》を強化する工事を行い、川の水があふれにくいようにする必要がある。

(6)　資料Ⅲは、木曽川下流にある集落で自然災害が起こったときにそなえて作られた地図です。このような地図をなんといいますか。カタカナで答えなさい。

(7)　資料Ⅳは、資料Ⅲの一部分を表した地形図です。この地図で示していることにあてはまらないものを、次のア～エから一つ選びなさい。
　ア　鉄道の駅のそばに郵便局がある。
　イ　駅から北西に 1km ほど進んだところに、警察署が設けられている。
　ウ　駅周辺の集落の周りには、田が広がっている。
　エ　老人ホームより東側には、果樹園がつくられているところがある。

(8)　木曽川が流れている中部地方の都道府県の形にあてはまるものを、次のア～エから一つ選びなさい。
　（ア～エの形の縮尺は同じではありません）

ア
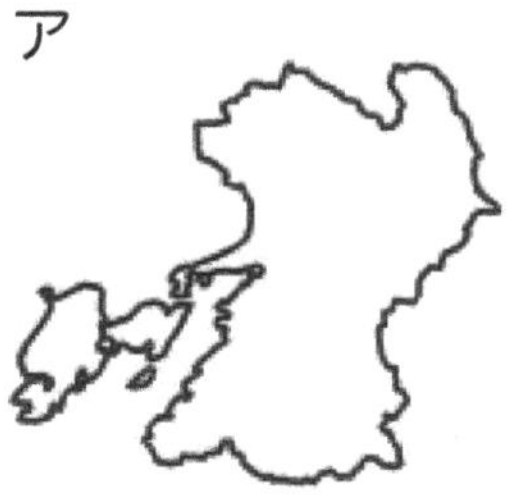
イ

ウ
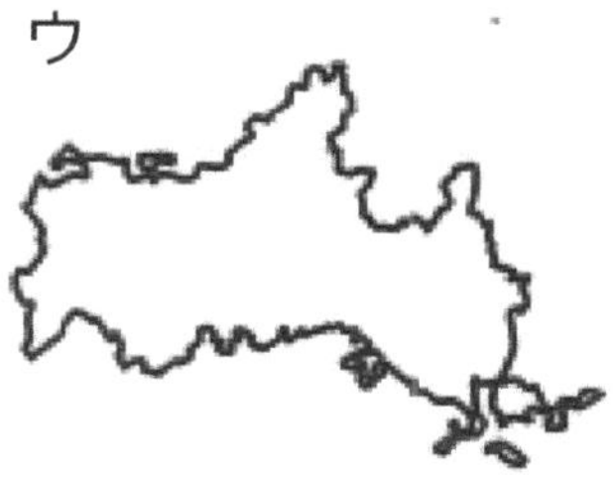
エ
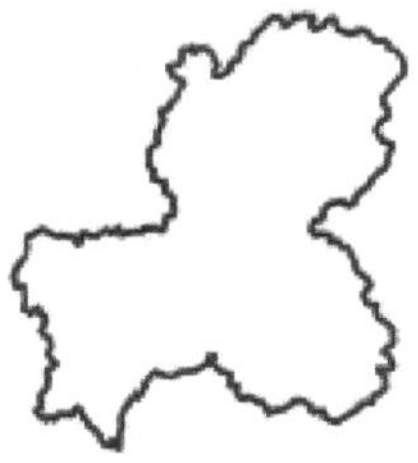

2　たろうさんは地元の水島コンビナートについて調べました。このことに関する次の文を読んで、資料Ⅰ～資料Ⅱを見ながら、あとの問いに答えなさい。

　水島コンビナートは、倉敷《くらしき》市南部の海岸に位置します。岡山県の製造品出荷額の 48.4%をしめる 3 兆 4731 億円（2020 年。岡山県工業統計調査結果による）をあげている、県最大の工業生産地区です。
　太平洋戦争後に海岸をうめ立ててできた広い土地に立地した工場同士が、原料・燃料をお互いにやり取りしながら、①石油製品や鉄鋼、自動車、肥料などさまざまな製品を作っています。また、工業生産を支える②電力も、ここで発電されています。
　水島コンビナートで利用される原料・燃料や、生産された製品の多くは、船舶《せんぱく》（内航海運）によって輸送されています。③わが国の貨物輸送は資料Ⅱのように自動車が最も多くなっていますが、船舶の利用を増やすことは、これからの未来のことを考えると大切な考え方だといえます。
　④岡山県は、「晴れの国」とも呼ばれるように気象条件がよく、比較的自然災害も少ないため、安定した生産が望めるということもあって、工業生産が成長してきました。しかし、資源の少ないわが国は原料や燃料の輸入にたよらざるを得ず、資源を多く消費する業種が中心となっている水島コンビナートは、⑤未来のことを考えて資源を使い切ってしまわないような社会を実現するために、新しい技術や生産のしくみを取り入れる必要があるといえます。

資料Ⅰ　日本の電源別発電量の推移

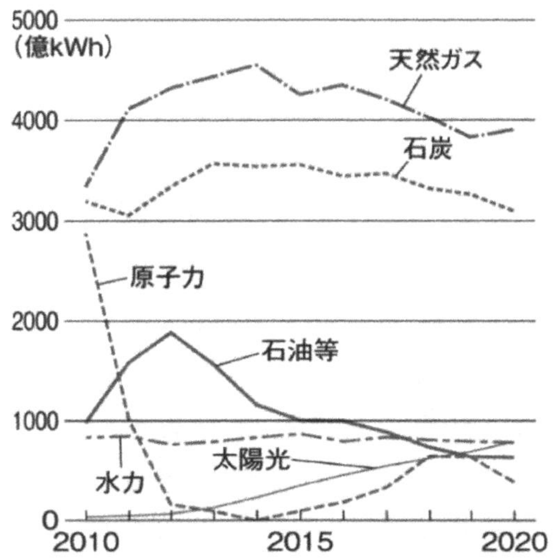

【日本のすがた2022より】

資料Ⅱ　貨物輸送の輸送機関別エネルギー消費の割合（2018 年度）
（上段は貨物の輸送量【単位はトンキログラム】、
下段はエネルギー消費量【単位はキロカロリー】）

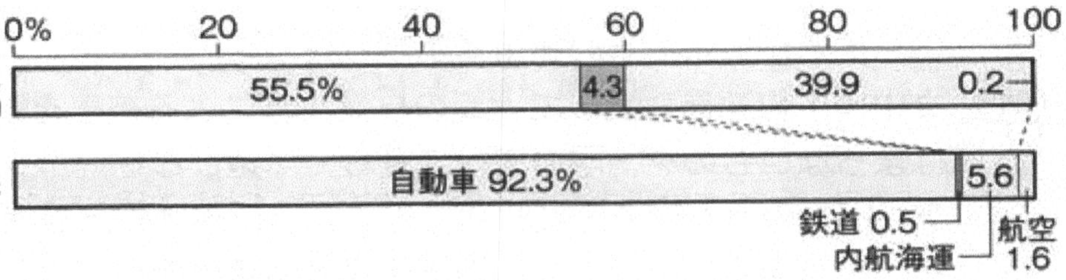

【日本のすがた2022より】

(1)　下線部①について、日本で石油製品が海沿いで作られる理由を「輸送」という語句を必ず用いて説明しなさい。

(2)　下線部②について、資料Ⅰより 2020 年で最も多くの割合をしめている発電方法について述べたものとしてあてはまるものを、次のア～エから一つ選びなさい。

ア　環境《かんきょう》への負担が少ないが、発電に適した地形が限られる。

イ　クリーンで効率が高いが、安全性や使用後の燃料の処理が難しいことなどが問題になっている。

ウ　一般《いっぱん》家庭で発電した電力の一部を電力会社に販売《はんばい》することが行われている。

エ　地球温暖化の原因となる温室効果ガスを多く出す。

(3)　下線部②について、「原子力」の発電量が急激に減っているのは、どのようなことがあったからですか。

(4)　下線部③について、貨物輸送に自動車がしめる割合を減らすべきである、と考えられる理由について、資料Ⅱで表された内容をふまえて説明しなさい。

(5)　下線部④について、岡山市の気温と降水量について表したグラフを、次のア～エから一つ選びなさい。

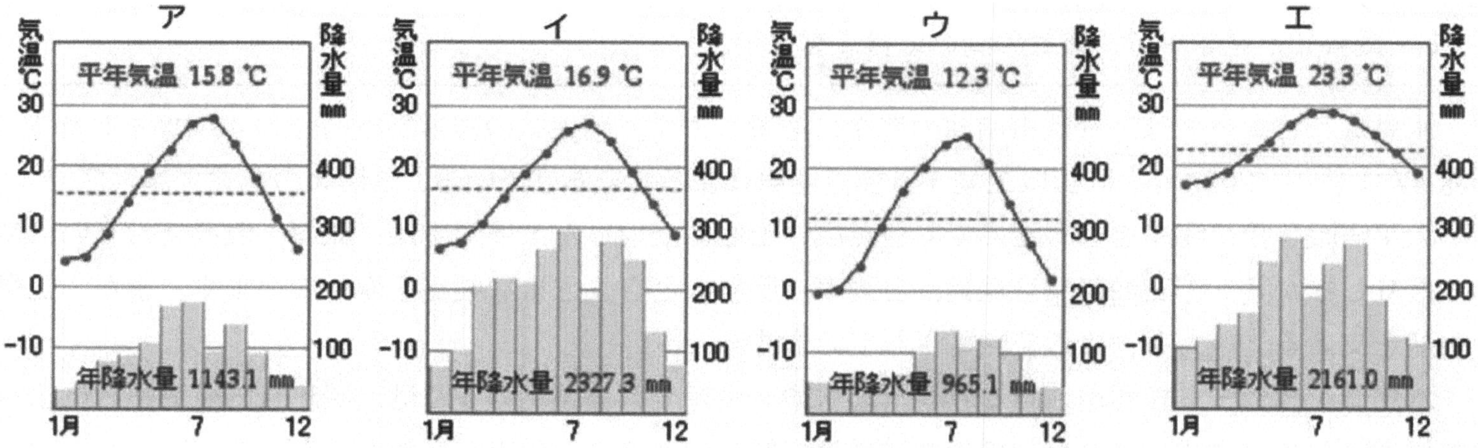

【気象庁ホームページより作成】

(6)　下線部⑤について、このような社会のことを何と呼んでいますか。解答らんにあてはまるように、漢字４字を入れなさい。

3　まなぶさんのクラスでは、日本国憲法がくらしにかかわっていることについて学習しました。次のA～Eのカードは、学習の中での話し合いで作られたものです。これを見ながら、あとの問いに答えなさい。

A

私たちが使っている教科書は、無償《むしょう》で支給されています。これによって、国民の「教育を受ける権利」が保障されています。

B

自分たちの意見を政治に反映させるために、すべての国民は満18才以上になると選挙に参加することができ、①定められた年齢《れい》に達すれば選挙に立候補することができます。また、②選ばれた民間人が裁判に参加することで、国民の考えを裁判に反映することができるようになっています。

C

男が仕事やリーダー的役割を、女が家事や補助的役割をになうという日本の伝統的な考え方を改めるために、男女が平等に社会で活やくできるしくみを作ろうとしてきました。これも憲法で「法の下の平等」が保障されているからです。

D

③日本国憲法の三大原則の一つに基づき、毎年8月を中心に戦争で亡くなった人々を慰霊《いれい》し、平和を祈る祭典が各地で行われます。また、わが国は、世界ただ一つの被爆国《ひばくこく》として、④非核三原則《ひかくさんげんそく》をかかげて、世界の国に平和の尊さをうったえています。

E

住む場所や職業について、自分の意思で選ぶことができるのは、憲法によって自由権が保障されているからです。ただし、たとえば住む場所についての自由について、⑤公共の福祉で個人の自由が制限されることもあります。

(1)　Aについて、教科書が無償で支給されている費用は何によってまかなわれていますか。

(2)　Bについて、下線部①のうち、市町村長に立候補できるのは何才以上ですか。

(3)　Bについて、下線部②の制度について述べた次のア～エより、あてはまらないものを一つ選びなさい。

ア　わかりづらい裁判に市民感覚を取り入れる事を目的に導入された。

イ　選挙権を持つ20才以上の人の中からくじで選ばれた人が参加する。

ウ　罪を犯した人の裁判や、法律が憲法に反していないかを判断する裁判に参加する。

エ　有罪の場合、どれくらいの刑《けい》に処するかも、参加した民間人も加わって判断する。

(4)　Cについて、たとえば、女性の就業率は1970年代には30才前後で低くなっていましたが、最近は30才前後の就業率が他の年代に近づいてきました。このことを実現するきっかけとなった事について述べた次の文中の空らんア・イにあてはまる語句をそれぞれ答えなさい。

男性にも【　ア　】休暇《きゅうか》制度をとることがすすめられ、女性が働きながら子育てができる施設《しせつ》である【　イ　】が整備されてきたため、出産のために退職することが減ったから。

(5)　Dについて、下線部③の三大原則のうち、Dで説明していることにあてはまるのは何ということですか。

(6)　Dについて、下線部④について述べた次の文中の空らんにあてはまる語句を答えなさい。

核兵器を、もたない・つくらない・【　　　　　　】。

(7)　Eについて、下線部⑤で説明したことについて、住む場所についての自由が制限されるのはどのような場合か、例を挙げて説明しなさい。

4　次の資料を見ながら、あとの問いに答えなさい。

資料Ⅰ　香川県出土の青銅器と表面の絵

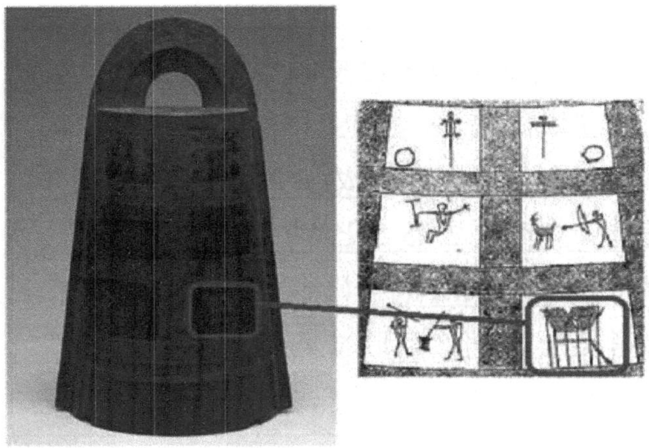

（東京国立博物館ホームページより　一部改変）

資料Ⅱ

年	主なできごと	
794	都が あ 平安京に移される	ア
1167	平　清盛《たいらのきよもり》が太政大臣《だいじょうだいじん》になる	イ
1192	い 源　頼　朝《みなもとのよりとも》が征夷大将軍《せいいたいしょうぐん》になる	ウ
1338	足利尊氏《あしかがたかうじ》が京都に幕府《ばくふ》を開く	エ
1368	う 足利義満《あしかがよしみつ》が征夷大将軍になる	オ
1573	室町幕府がほろぶ	

資料Ⅲ　源頼朝の妻《つま》による武士たちへのうったえ

頼朝どのが平氏をほろぼして幕府を開いてから、そのご恩は、山よりも高く、海よりも深いほどです。ご恩に感じて名誉《めいよ》を大切にする武士ならば、よからぬ者を打ちとり、幕府を守ってくれるにちがいありません。

（『吾妻鏡《あづまかがみ》』による原文をわかりやすく改変）

資料Ⅳ　江戸時代の五街道

(1) 資料Ⅰより、弥生《やよい》時代の遺跡《いせき》から出土したこの青銅器について、次の①・②に答えなさい。

① このような青銅器のことを何といいますか。

② 青銅器の表面にえがかれている建物の絵について、この建物のゆかが高くなっている理由はどのようなことだと考えられますか。建物の利用目的をふまえて説明しなさい。

(2) 資料Ⅱの年表について、次の①～④に答えなさい。

① 下線部あの都ができた時までの社会の説明にあてはまるものを、次のア～エから選びなさい。

ア　中国の唐へ使者を送り、政治のしくみや大陸の文化が取り入れられた。

イ　和歌がよまれ、かな文字で文学作品がつくられた。

ウ　中国から茶をのむ習慣が伝わり、静かにお茶を楽しむ茶室がつくられた。

エ　中国から伝えられた「すみ絵」がさかんになった。

② 下線部いの人物の妻が、資料Ⅲの演説により武士たちの団結をなして、朝廷《ちょうてい》の軍を打ち破りました。この戦いのことを何と呼びますか。

③ 下線部うの人物から保護を受けて、観阿弥《かんあみ》・世阿弥《ぜあみ》の父子によって大成された芸能は何ですか。

④ 資料Ⅱの年表のア～オは、年表で取り上げたできごと同士の間の期間を表しています。次の文Aと文Bで述べたできごとが起こったのは、資料Ⅱの年表のア～オのうちどの期間にあたりますか。ア～オよりそれぞれ一つずつ選び答えなさい。

A　ポルトガルとの貿易が始まり、キリスト教が伝わった。

B　壇ノ浦《だんのうら》の戦いで、平氏がほろびた。

(3) 資料Ⅳについて、この地図は幕府が置かれた江戸《えど》と各地方を結ぶために整備された『五街道』を示したものです。五街道にもうけられた関所は、特に『入り鉄砲《てっぽう》と出女』と呼ばれる厳しい取り調べがありました。この『女』とはどのような人が江戸から出ていくことを取りしまっていたのか、説明しなさい。

2023(R5) 岡山理科大学附属中　1次(教科)
K 教英出版　社6の6

令和五年度　岡山理科大学附属中学校

一次入学試験　選択教科型（作　文）

先生の指示があるまで、この用紙にさわってはいけません。

受験上の注意

1. コートを着たまま受験をしてもよろしい。コートをぬぐ場合は、いすの**せもたれ**にかけておきましょう。
2. 持ってきた受験票は、机にはってある受験番号ふだの下にはさんでおきましょう。
3. 時計のアラームは切っておきましょう。計算機のついた時計は使えないので、カバンの中にしまいましょう。けいたい電話は、今日の試験が終わるまで電げんスイッチを切り、上着ではなくカバンの中に入れておきましょう。
4. 机の上には、えん筆（シャープペンシル）数本、けしゴム、単機能の時計と受験票を置きましょう。ティッシュペーパーが必要な場合は置いてもかまいません。下じきは原則として使ってはいけません。けい光マーカー、辞書機能を持った機器などは使用できません。筆ばこ、シャープペンシルのかえしんも机の上には置けません。必要のないものはカバンの中にしまいましょう。
5. 試験の時間割は、受験票に書いてあります。試験の始まりから終わりまで、指示を聞いてから動きましょう。
6. 問題用紙は、表紙（この用紙）をのぞいて一ページあります。解答用紙は一番下の一ページです。指示があるまで、下の問題用紙を見てはいけません。
7. 解答用紙が一番下にとじてあるので，試験開始の指示があってから，問題用紙からていねいにはずしましょう。問題用紙のホッチキスは試験中にすべてはずしてもかまいません。
8. 試験開始の指示があってから、筆記用具を手にしてよろしい。受験番号を解答用紙の右上にある受験番号という空らんに記入しましょう。名前は書かないようにしましょう。答えは解答用紙に書きましょう。
9. 問題用紙と解答用紙の枚数が不足していたり、やぶれていたり、印刷のわるいところがあったりしたときは、静かに手をあげて先生に知らせてください。
10. この試験の時間は二十分間です。問題をよく見て，できるものから取りかかりましょう。
11. 解答用紙の解答らんにある※のついた□のわくの中には、何も書かないでください。
12. 試験中に机の中のものをさわったり、他の受験生に話しかけたりしてはいけません。机の中のものを使いたいときや質問があるとき、また気分が悪くなったり、トイレに行きたくなったりしたときには、はっきりと手をあげて、先生を呼びましょう。
13. 物を落とした場合は、はっきりと手をあげて先生を呼び、拾ってもらいましょう。落としたものを自分で拾ってはいけません。
14. 全部の問題ができても、先生の指示があるまでは、席を立ったり話をしたりしてはいけません。
15. 「終わりの指示」があったら、

① 筆記用具をすぐに机の上に置きましょう。

② 解答用紙は表を上にして机の中央において、回収するまで静かに待ちましょう。

③ 問題用紙を、机の中にしまいましょう。休けい時間になったら問題用紙はカバンの中に入れましょう。

※すべての試験が終わるまで、ほかの階に行ったり建物の外へ出たりしてはいけません。

令和五年度
岡山理科大学附属中学校
一次入学試験　選択教科型
作文

指示があるまで、この用紙にさわってはいけません。
始まるまで、左の注意書きを読んでおきなさい。

この次のページには、作文の問題が書かれています。
「はじめてください」の指示があったら、一枚《まい》めくって、二枚目の問題をよく読み、別紙の作文用紙に書きなさい。
まず、受験番号を書いてから始めなさい。

【書き方】
題名は書かずに一行目から本文を書きなさい。
書きやすいように線を引いてありますが、文字数にはあまりこだわらず書きなさい。おもてに書ききれないときは、うらに続けて書きなさい。その場合は最後の行に「うらに続く」と書きなさい。

【気をつけること】
作文の時間は「二十分間」です。五分前には先生が知らせます。先生の指示があったら、えん筆を置きなさい。

作文の問題

今日は運動会に向けて出場種目を決める日です。運動会はクラス対こう戦になっており、どのクラスも優勝を目指すために、協力してがんばることが目標の一つとして設定されています。種目決めのクラス会が始まると次のような意見が出てきました。

Ａさん

「私たちのクラスが優勝するために、足の速い人に点数の高いリレーに出てもらうのがいいと思う。」

Ｂさん

「クラスとしての結果も大切だけど、それよりも自分が出たい種目に出たほうが楽しめるよ。」

Ｃさん

「自分が出たい種目となると、種目によって出られる人数が決まっているよ。でも人数がオーバーしたら話し合いで決めればいいか。」

Ｄさん

「話し合いだといつまでたっても決められないよ。その場合はジャンケンかクジで決めよう。」

　あなたならこの後どのような意見を出しますか。他の人の意見にもふれながら、自分の意見とそう考えた理由を答えなさい。

令和五年度　岡山理科大学附属中学校
一次入学試験　選択教科型（国語）解答用紙

受験番号

1	2	3	4	5	6	7	8	9	10	11
① ② ③ ④ ⑤	ア イ ウ エ			ろ は に ほ	へ と 図	い ろ は に ほ			ことができるという点。	

※ ※ ※ ※ ※ ※ ※ ※ ※ ※ ※

得　点
※100点満点 （配点非公表）

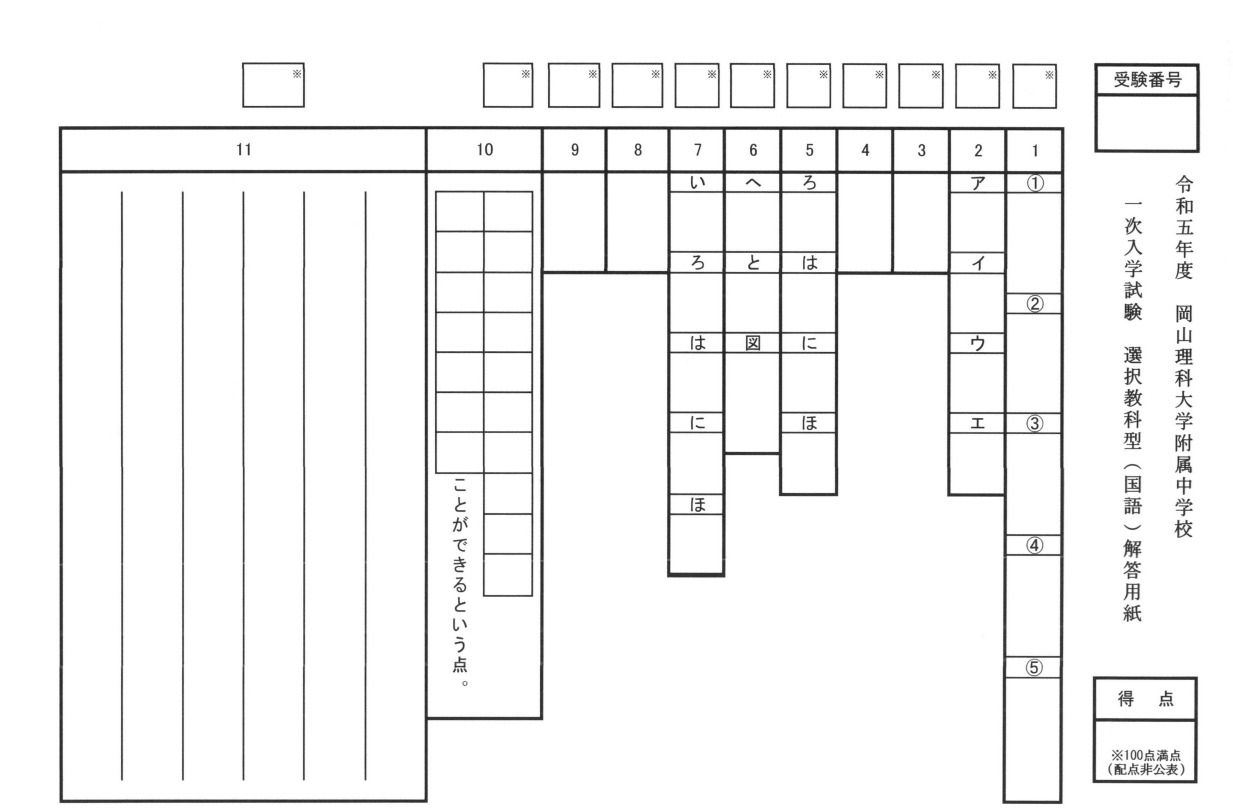

受験番号

令和５年度　岡山理科大学附属中学校
一次入学試験選択教科型（算数）解答用紙

得　点
※100点満点 （配点非公表）

※	1	(1)		(2)		(3)		(4)	

※	2	(1)	時速　　　　km	(2)	円	(3)	自動車	(4)	通り

※	3	(1)	$\frac{1}{30}=$	(2)	

※	4	(1)	円	(2)	円

※	5	(1)	頂点	(3)	一番短いのは頂点　　　で　　　　cm 動いた
		(2)	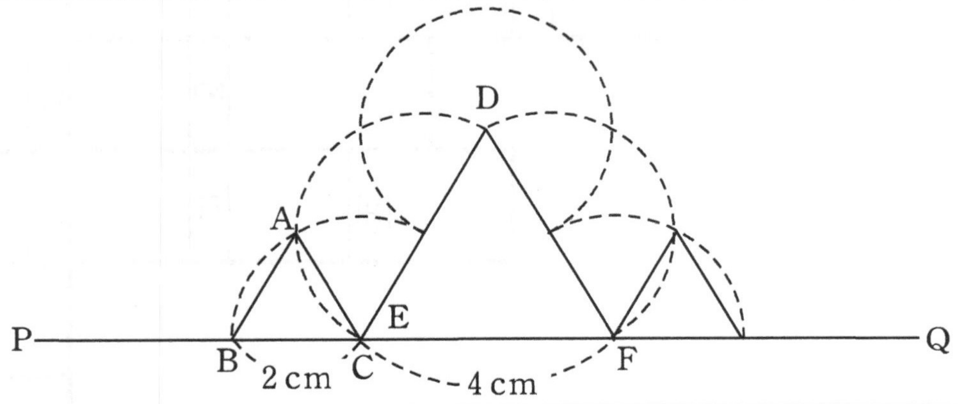		

※	6	(1)	cm^3	(2)	cm
		(3)	cm	(4)	(ABCD - EFGH)：(ABCD - IJKL)=　　　：

受験番号

令和5年度　岡山理科大学附属中学校
一次入学試験　選択教科型（理科）解答用紙

得点
※100点満点（配点非公表）

1

(1)A	B	
(2)		
(3)ヒト	イヌ・ウマ	
(4)A	B	

*

2

(1)		
(2)A	B	
(3)①	②	
(4)名前	特徴	
(5)		

*

3

(1)		
(2)　mm	(3)①	②
(4)　日	A	
(4)B	C	D
(5)		

*

4

(1) 銅	アルミニウム	
(2)①	②	③
(3)	(4)①	②

*

受験番号

令和５年度　岡山理科大学附属中学校

一次入学試験　選択教科型　（社会）　解答用紙

得　点
※100点満点（配点非公表）

*	1							
		(1)						
		(2)	②					
			④					
		(3)		(4)		(5)		(6)
		(7)		(8)				

*	2				
		(1)			
		(2)		(3)	
		(4)			
		(5)		(6)	な社会

*	3						
		(1)		(2)		(3)	
		(4)	ア	イ		(5)	
		(6)					
		(7)					

*	4				
		(1)	①		
			②		
		(2)	①	②	③
			④　A	B	
		(3)			

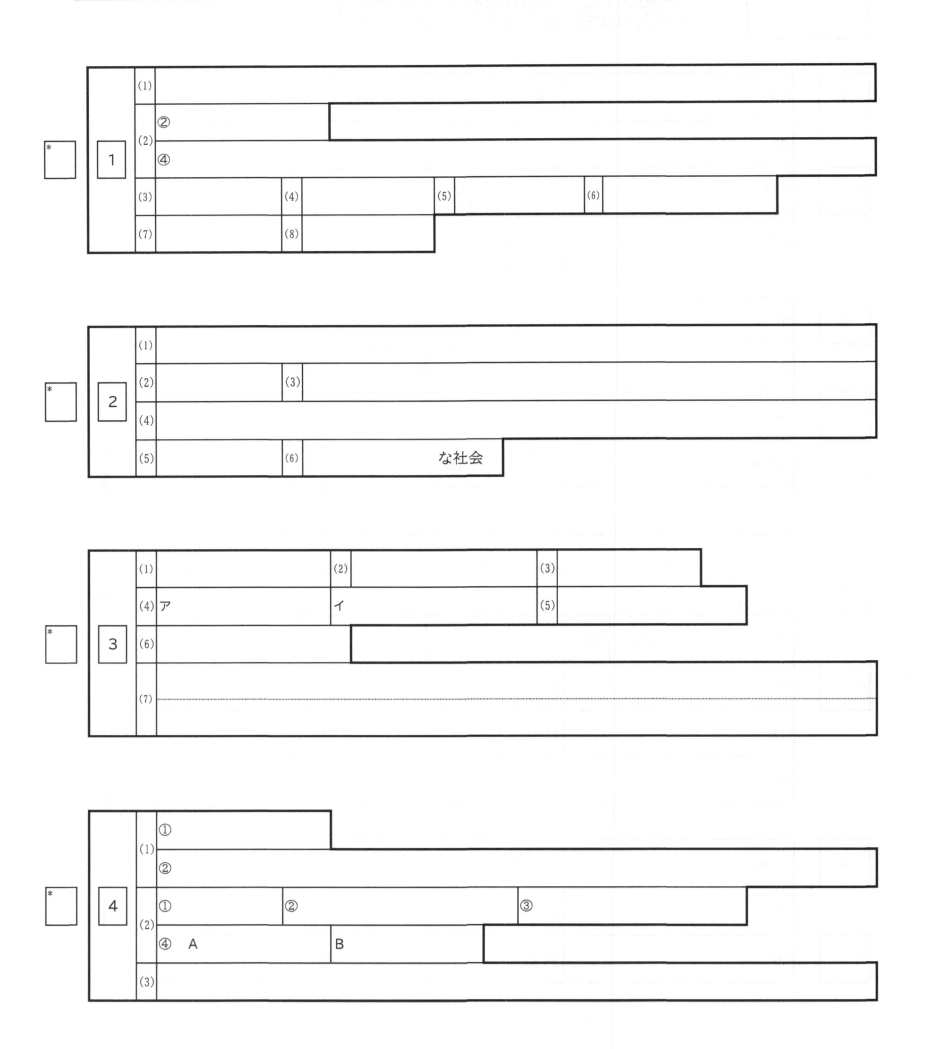

★

令和４年度岡山理科大学附属中学校
推薦入学試験（基礎学力型）
試験問題
算数・国語
（50 分　100 点）

先生の指示があるまで，この用紙にさわってはいけません。

受験上の注意

1．コートを着たまま受験をしてもよろしい。コートをぬぐ場合は，いすのせもたれにかけておきましょう。
2．持ってきた受験票は，机にはってある番号カードの下にはさんでおきましょう。
3．時計のアラームは切っておきましょう。計算きのついた時計は使えないので，カバンの中にしまいましょう。けいたい電話は，今日の試験が終わるまで電げんスイッチを切り，上着ではなくカバンの中に入れておきましょう。
4．机の上には，えん筆（シャープペンシル）数本，けしゴム，コンパス，直じょうぎを出しておきましょう。必要な人はティッシュペーパーを置いてもかまいません。予備のえん筆や筆ばこ，シャープペンシルのかえしんなどはカバンの中に入れましょう。三角じょうぎ，分度き，けい光マーカー，辞書機能および電たく，通信機能を持った機器などは使ってはいけません。下じきは原則として使用できません。必要のないものはカバンの中にしまいましょう。
5．試験の時間割は，受験票に書いてあります。試験の始まりから終わりまで，指示を聞いてから動きましょう。
6．この試験では，算数と国語の問題を出題しています。問題用紙は，この表紙をのぞいて７枚あります。解答用紙は算数１枚，国語１枚の合計２枚あります。
7．問題用紙と解答用紙が不足していたり，読みにくかったりしたときは，静かに手をあげて待っていてください。
8．試験開始の指示があってから，筆記用具を手にしてよろしい。それぞれの解答用紙の決められた場所に受験番号のみ記入しましょう。名前は書かないようにしましょう。解答はすべて解答用紙に記入しましょう。
9．算数と国語合わせて 50 分の試験時間です。どちらの教科から始めてもかまいません。50 分の時間配分も自分で考えて自由に 50 分を使って解答しましょう。
10．試験中に机の中のものをさわったり，他の受験生に話しかけたりしてはいけません。机の中のものを使いたいときや質問があるとき，また気分が悪くなったり，トイレに行きたくなったりしたときには，はっきりと手をあげて，先生を呼びましょう。
11．物を落とした場合は，はっきりと手をあげて先生を呼び，拾ってもらいましょう。落としたものを自分で拾ってはいけません。
12．全部の問題ができても，先生の指示があるまでは，席を立ったり話をしたりしてはいけません。
13．「終わりの指示」があったら，
　①　筆記用具をすぐに机の上に置きましょう。
　②　解答用紙は，国語の方が上になるようにして，机の左上に置きましょう。

※すべての試験が終わるまで，指示なくほかの階に行ったり建物の外へ出たりしてはいけません。

推薦入学試験　基礎学力型　（算数）　問題用紙

答えはすべて解答用紙に記入しなさい。式（考え方）も書きなさい。

1 次の計算をしなさい。

（1）　$48-32\div 2+3\times 6$

（2）　$17.16\div 0.15$

（3）　$\dfrac{2}{3}+\dfrac{1}{6}-0.2$

（4）　$(31.4\times 0.2+1.57\times 16)\div 2$

（5）　$3\dfrac{1}{3}\div\dfrac{1}{9}\times\dfrac{4}{15}$

（6）　$11-10+9-8+7-6+5-4+3-2+1$

推薦入学試験　基礎学力型　（算数）　問題用紙

２ 次の各問いに答えなさい。

（１）　現在，まなぶさんの年れいは12さいで，まなぶさんとお父さんの年れいの比は３：10です。
まなぶさんが20さいになったときの，まなぶさんとお父さんの年れいの比は何対何になりますか。

（２）　ある商品を，仕入れ値の値段の３割の利益があるように定価をつけてました。ところが，あまり売れなかったので，定価から150円値引きで売ったところ，利益は60円になりました。
この商品の定価は何円ですか。

（３）　まなぶさんは、片道12㎞の道のりを，行きは時速６km，帰りは時速４㎞で歩きました。
このときの平均の速さは時速何km ですか。

（４）　６４５から２０２１までの整数のなかで，２でも３でも割り切れない数は何個ありますか。

（５）　右の図は，２つの半円を重ねたものです。円周率を3.14として、次の問題に答えなさい。
①かげをつけた部分の面積を求めなさい。
②かげをつけた部分の周りの長さを求めなさい。

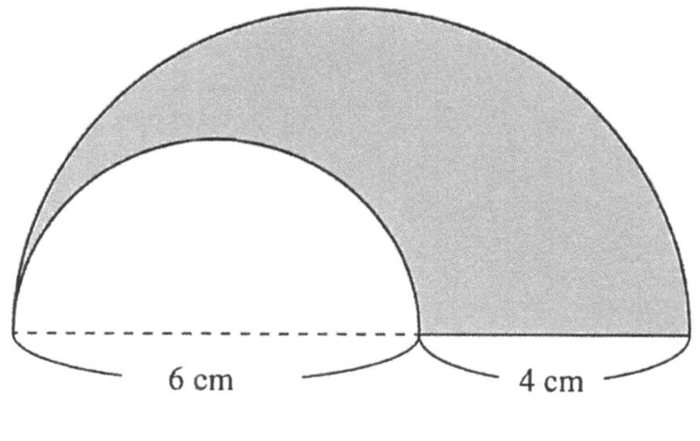

推薦入学試験　基礎学力型（国語）　問題用紙

国語

次の〈文章〉を読んで、以下の問いに答えなさい。

〈文章〉

ニューヨークにハヤブサが棲《す》んでいる、ということを読んだのは、たしか宮崎《みやざき》学さんの文章の中だった。びっくりして宮崎さんに確かめると、そのとおりであることがわかった。

ハヤブサといったら誉《ほま》れ高い*猛禽《もうきん》類。*荒浪《あらなみ》の海にそそり立つ孤《こ》島に棲み、人を寄せつけぬ*断崖絶壁《だんがいぜっぺき》に巣をつくる。猛禽類としては大きなほうではないが、鋭《するど》い*精悍《せいかん》な目つき、キュッと[1]マがった恐ろしげな嘴《くちばし》。これがぼくの抱《いだ》いていたハヤブサのイメージであった。

そのハヤブサがなんとニューヨークに棲みついている。信じ難いことではないか。しかし、宮崎さんの話を聞き、他にもいろいろ調べてみると、それはぼくの[2]不勉強であることがわかった。ハヤブサがニューヨークに棲みはじめたことは、もうだいぶ前から知られ、[3]ワダイになっていたのである。

[4]孤島の絶壁に棲む鳥がなぜニューヨークなどという大都会に棲めるのか？それはニューヨークが大都会だからである。

ニューヨークにそそり立つ超高層ビルは、荒海にそそり立つ*絶海の孤島と同じである。百何十階にも及《およ》ぶ高い建物の壁は、まさに断崖絶壁だ。そのてっぺんや途《と》中の階にデザインされた小さなテラス状の装飾《そうしょく》は、絶壁にわずかに張り出した岩棚《いわだな》である。

[＊]ハヤブサは天然の絶壁の岩棚に巣をかけてひなを育てる。そこはいかなる敵も襲《おそ》ってこない安全な場所だからである。もし襲ってくるとすれば、それは崖づたいではなくて空からやってくる猛禽類だけだろう。けれど、ワシとかタカとかいう他の猛禽類はたいてい原生林に棲んでいるから、そんな海岸の絶壁まではやってこない。人の近ずかない*僻地《へきち》には、海鳥をはじめ鳥たちがたくさんいる、ハヤブサはそれらを襲ってえものにする。

何十万年の長きにわたって、ハヤブサは[5]こういう生き方をしてきた。そのハヤブサが、どういうきっかけからかはわからないけれど、大都会ニューヨークを知った。そこには人工の孤島と断崖絶壁があった。絶壁には子育てに適した安全な岩棚があった。町にはたくさんのハト（ドバト）がいた。えものには事欠かない。人間は（　6　）いるが、ハヤブサが飛びまわって生きている空間にはほとんど無関係である。それでハヤブサは増えはじめた。

動物写真家、宮崎学さんの写真集『アニマル＊黙示録《もくしろく》』（講談社）には、こういう例がたくさん載《の》っている。こういう例とは、超《ちょう》・人工のものと、超・野生のものとのふしぎな「調和」である。ニューヨークといわず、東京にもいろいろな鳥が増えている。深い山の清渓《けい》にしか棲まないとされていたオオサンショウウオが、都会の汚《よご》れた水路で流れてくる食べものを待っているというつげ義春の劇画「山椒魚《さんしょううお》」もどきの光景も、この写真集にある。もともとは林のチョウで、人家近くの明るい場所には姿をあらわさなかったスジグロシロチョウが、今では大都会に棲んでいる。高いビルのおかげで日かげがおおくなり、林と同じような状況《きょう》になったからである。

眺《なが》めていると、東京の空には7イガイにたくさんの鳥が飛んでいる。カラスやスズメばかりではない。カモメもいるし、ぼくには種類のよくわからない鳥もいる。それらは町や人家に「適応」した都市鳥ではなく、野生の鳥である。そのような鳥が、コンクリートの上を何事もないように飛び、何の屈託《くったく》もなく、ビルの一角にとまる。まるで森や林の木の枝にとまるように。

ビルの立ち並ぶ都会は、少しは木々の緑もあるけれど、全体としては灰色であり、緑の森とは景観が全くちがう。けれど、鳥たちはそんなことを意に介《かい》しているとは思えない。むしろ、食物はあるし、恐《おそ》ろしい敵はいないし、8天然の森よりずっといいと思っているのかもしれない。禁猟《りょう》区に指定はされてないが、今では町で鳥を撃《う》つ人はいない。

ツバメが人家の軒《のき》先に巣をつくるのは、スズメを避《さ》けるためだということを明らかにした研究がある。スズメはふだんはあまり人間を恐れないが、ひなを育てるときは人間を避ける。だから人がひんぱんに出入りする店先などには巣をかけない。ツバメはそれを利用する。そういう店先の軒に巣をつくれば、嫌《いや》なスズメはやってこない。昔、ツバメがたくさん巣をかけると、店は繁盛《はんじょう》するといわれた。話は逆であって、（　9　）。

10今、大都市にはツバメがめっきり少なくなった。かつてのように、どの通りを歩いていても、子育てのために餌《えさ》を持ち帰るツバメが飛び交う姿は見られなくなった。おそらくつばめたちは、町そのものの作りや、人間の存在が嫌いになったのではないだろう。町が人工的にきれいになりすぎて、餌にする虫があまりにも減ってしまったので、町ではひなも育てられなくなったから、都会には棲まなくなったのである。

こういう事例を見ていると、11自然保護とか自然との共生ということについて、少し考え直す必要があるのではないか、という気がしてくる。

多くの動物たちはわれわれが思っていたよりもずっとしたたかである。自分たちの生活の基盤《きばん》になる条件さえそろっていれば、たとえ条件が人工のものであろうとも、そしてそこをたくさんの人間がうろうろしていようとも、平気で棲みついてしまう。カラスやツバメのように、12人間がいることをむしろ利用しているものだってけっして少ないとは言えない。都市周辺で急速に増えつつあるタヌキやキツネもその例である。人間がいるおかげで豊富な食べ物がたやすく手にはいるようになった。命がけで食物を探す必要はなくなったのだ。

けれど、都市化によってツバメは餌を失なった。モンシロチョウは日なたを失なった。そうなったら出ていく他はない。

水面に浮《う》いて生活するアメンボは、水が汚かろうと富栄養化していようと、一向にかまわない。彼《かれ》らにとって重要なのは、水の*表面張力だけである。たとえ化学的に無害な物質によってでも、水の表面張力が低下すれば、彼らは溺《おぼ》れてしまう。

やたらと動物たちに遠慮《りょ》することはないのかもしれないが、それぞれの動物にとってのこのキーポイントは侵《おか》してはならない。

〔注〕猛禽類…性質が荒々しい肉食の鳥。
荒浪…はげしく押し寄せる波。
断崖絶壁…けわしく切り立ったがけ。
精悍…顔つきや動作が力強くたくましい。
絶海…陸地から遠く離れた海。
僻地…都会から遠く離れた不便な土地。
黙示…暗黙のうちに意思を示すこと。また、人に真理を示すこと。
表面張力…液体に働く、表面積をできるだけ小さくしようとする力。

（日高敏隆『春の数えかた』より「街のハヤブサ」新潮文庫刊）

問一 ――線部1、3、7、8は、カタカナのものは漢字で書き、漢字は読みをひらがなで書きなさい。

問二　次の①～③は動物を使った慣用句です。本来の意味として最も適切なものを、後のア～オから選びなさい。

①犬も歩けば棒に当たる　②猿も木から落ちる　③猫の手も借りたい

ア　いかにすぐれた専門的技能を持つ人でも時には失敗する
イ　非常に忙しくてだれでもよいから人手が欲しい
ウ　出しゃばって行動するとひどい災難にあう
エ　すぐれた人のいない所でつまらない人間がいばる
オ　思い当たることが多く自然によくわかる

問三　――線部２「不勉強」は「不」という否定を表す字と「勉強」が組み合わさって一つの言葉になったものである。次の①～④の否定を表す漢字と組み合わせることができる漢字を後の語群から選び答えなさい。一つの漢字は何回使ってもよろしい。ただし、漢字は二つ以上組み合わせてもかまいません。また、語群の漢字は全部使わなくてもよろしい。なお、「否定」は解答しても無効です。

①不　②無　③非　④否

〈語群〉　安　関　決　情　心　定　認

問四　――線部４「孤島の絶壁に棲む鳥がなぜニューヨークなどという大都会に棲めるのか？それはニューヨークが大都会だからである。」とありますが、理由が分かりやすくなるように、

「大都会にある超高層ビルは、（　　十六字　　）ような役割を果たすから」

という説明を考えました。空らんにあてはまる十六字を文中から抜き出しなさい。

問五　[*]のついた形式段落の中に、ひらがなの間違いが一カ所あります。その場所を抜き出して、正しく書き直しなさい。

問六　———線部5「こういう生き方」が指す内容にあてはまらないものを次から全て選び、記号で答えなさい。

ア　主にニューヨークのような大都会に住んでいる
イ　天然の絶壁の岩棚に巣を作りひなを育てる
ウ　ワシやタカのやって来ない場所に巣を作る
エ　海鳥をえものにして食べ物を得ている
オ　町でハト（ドバト）を襲って餌にしている

問七　空らん6に入る言葉として最もふさわしいものを一つ選び、記号で答えなさい。

ア　しょうしょう
イ　うようよ
ウ　ぐるぐる
エ　もちもち

問八　空らん9に当てはまる内容としてふさわしいものを一つ選び、記号で答えなさい。

ア　ツバメが田舎に住むようになったから大都会では見かけなくなったのだ
イ　普段は人を恐れないが、ひなを育てるときは人を恐れるのである
ウ　スズメがツバメを避けるからツバメだけ残るのである
エ　繁盛している店にツバメが集まってくるのである

問九　———線部10「今、大都市にはツバメがめっきり少なくなった。」の文の、主語と述語をそれぞれ答えなさい。

問十　———線部11「自然保護とか自然との共生」とありますが、あなたの考える望ましい自然保護、自然との共生を説明しなさい。

問十一　———線部12「人間がいることをむしろ利用している」とあるが、人間がいることで、実際にどのような点が良くなるのか。「～点」に続く形で、二十字以内で抜き出しなさい。

※国語と合わせて100点満点（配点非公表）

受験番号

令和４年度　岡山理科大学附属中学校
推薦入学試験　基礎学力型　（算数）　解答用紙

得点

1

(1)	(2)	(3)
(4)	(5)	(6)

2

(1)　　　　　：	(2)　　　　　円
(3)　時速　　　　km	(4)　　　　　個
(5)①　　　　　cm^2	(5)②　　　　　cm

受験番号

令和四年度　岡山理科大学附属中学校

推薦入学試験　基礎学力型（国語）

解答用紙

問一	問二	問三	問四	問五	問六	問七	問八	問九	問十	問十一
1	①	①		間違っている場所				主語		
3	②	②		正しい書き方				述語		
7	③	③								
8		④								点

得　点

※算数と合わせて100点満点（配点非公表）

令和４年度
岡山理科大学附属中学校
適性検査Ⅰ

先生の指示があるまで，この用紙にさわってはいけません。

受験上の注意

1．コートを着たまま受験をしてもよろしい。コートをぬぐ場合は，いすのせもたれにかけておきましょう。
2．持ってきた受験票は，机にはってある番号カードの下にはさんでおきましょう。
3．時計のアラームは切っておきましょう。計算きのついた時計は使えないので，カバンの中にしまいましょう。
　けいたい電話は，今日の試験が終わるまで電げんスイッチを切り，上着ではなくカバンの中に入れておきましょう。
4．机の上には，えん筆（シャープペンシル）数本，けしゴム，コンパス，直じょうぎを出しておきましょう。必要な人はティッシュペーパーを置いてもかまいません。予備のえん筆や筆ばこ，シャープペンシルのかえしんなどはカバンの中に入れましょう。三角じょうぎ，分度き，けい光マーカー，辞書機能および電たく，通信機能を持った機器などは使ってはいけません。下じきは原則として使用できません。必要のないものはカバンの中にしまいましょう。
5．検査の時間割は，受験票に書いてあります。検査の始まりから終わりまで，指示を聞いてから動きましょう。
6．この検査は，文章や資料を読んで，太字で書かれた課題に対して，答えやあなたの考えなどを書く検査です。課題ごとに，それぞれ指定された場所に書きましょう。
7．検査用紙は，表紙（この用紙）をのぞいて３ページあります。指示があるまで，下の検査用紙を見てはいけません。
8．試験開始の指示があってから，筆記用具を手にしてよろしい。受験番号をそれぞれの検査用紙の上部にある「受験番号」という空らんに記入しましょう。検査用紙すべてに書きましょう。名前は書かないようにしましょう。
9．検査用紙の枚数が不足していたり，やぶれていたり，印刷のわるいところがあったりしたときは，静かに手をあげて先生に知らせてください。
10．この検査の時間は45分です。
11．試験中に机の中のものをさわったり，他の受験生に話しかたりしてはいけません。机の中のものを使いたいときや質問があるとき，また気分が悪くなったり，トイレに行きたくなったりしたときには，はっきりと手をあげて，先生を呼びましょう。
12．物を落とした場合は，はっきりと手をあげて先生を呼び，拾ってもらいましょう。落としたものを自分で拾ってはいけません。
13．全部の問題ができても，先生の指示があるまでは，席を立ったり話をしたりしてはいけません。
14．「終わりの指示」があったら，
　①　筆記用具をすぐに机の上に置きましょう。
　②　検査用紙を表紙が一番上になるように机の中央において，回収するまで静かに待ちましょう。
　③　表紙（この用紙）と検査用紙は，持ち帰ってはいけません。

※すべての検査が終わるまで，指示なくほかの階に行ったり建物の外へ出たりしてはいけません。

受検番号

※70点満点（配点非公表）

※

課題１　６年生の太郎《たろう》さんと花子さんは，今度行われるクリスマス会にむけて準備をしています。あとの（１）～（３）に答えましょう。

太郎：今からクリスマス会の買い出しに，お店に行くことにしよう。
花子：私たちが持っているお金は，今いったいいくらなのかしら。
太郎：ぼくが持っているお金は，花子さんが持っているお金の 65％だね。
花子：私が持っているお金の半分よりも，270 円多かったわね。

※

（１）太郎さんと花子さんの持っているお金の合計金額を求めましょう。

円

太郎：まずは，ケーキを買いに行かないといけないね。ケーキ屋さんは，どこにあったかな。
花子：図１の地図のように，私たちが住んでいる町の道路は，正方形の辺の部分になっているわ。
太郎：ぼくたちの学校は，この地図の左下の位置にあるね。ケーキ屋さんはこの地図の右上にあるね。
花子：とちゅうで飲み物を買いたいわね。途中の★の部分にあるお店は，飲み物を安い値だんで買えるらしいから，とちゅうで寄っても良いかしら。
太郎：うん，そうしよう。でも，★のお店の先は工事中の場所がいくつかあって通ることができないから，気をつけないといけないね。
花子：図１の地図の，×がついているところが，通ることが出来ない道路になっているわ。

※

（２）学校からケーキ屋まで行く道順は，全部で何通りあるか答えましょう。ただし，道順は最も短いものを考えるものとします。

通り

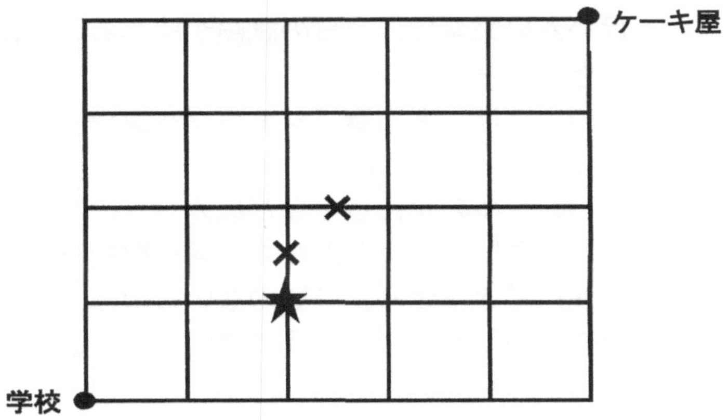

図１　２人が住んでいる町の地図

太郎：ケーキ屋さんに着いたよ。どのケーキにしようかな。
花子：いま考えているのが，図２の２種類のケーキだわ。どっちにした方が，得になるかしら。
太郎：Ａのケーキは，直径が 28cm で，高さが９cm の円柱の形をしていて，2000 円だね。
花子：Ｂのケーキは，直径が 36cm で，高さが７cm の円柱の形をしていて，2400 円だわ。
太郎：ぼくたちが今持っているお金をあわせて，同じ金額あたりでたくさん食べられる方を買おうよ。

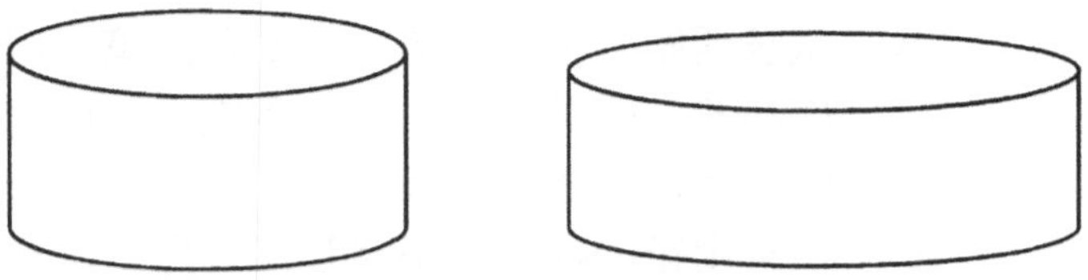

図２　ケーキＡ　ケーキＢ

※

（３）ケーキＡとケーキＢの食べる部分の体積を，同じ金額あたりで食べられる量で比べたとき，どちらのケーキを買った方が得になるかを答えましょう。ただし，円周率は 3.14 とし，どのように求めたか説明しましょう。

（説明）

ケーキ　　　　を買った方が得になる

受検番号

※

課題２　６年生の太郎さんと花子さんは，学校から家に帰ると中で，いろいろなものの，かげのでき方について話をしているところです。あとの（１）～（３）に答えましょう。

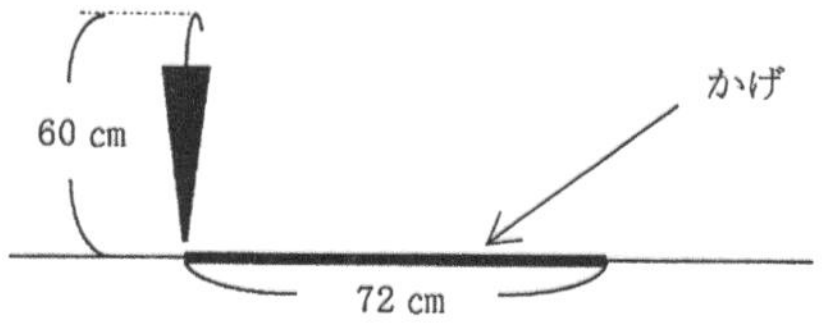

図１　かげができるようす①

太郎：朝から降っていた雨も上がって，すっかり晴れたね。
花子：見て。私たちの足もとから，地面にかげができているわ。
太郎：ぼくたちのかげの長さは，いったいどのくらいの長さかな。
花子：いまわたしが持っているかさの長さが 60 cmなの。このかさを地面にたてたときのかげの長さが分かれば，かさの長さとかげの長さが比例することを利用して，きのうの身体測定ではかってもらった私たちの身長をつかって，いまの私たちのかげの長さをはかることができるわ。
太郎：ぼくはきのう学校を休んでいたから，身長をはかってもらってないよ。
花子：じゃあ，かげの長さを利用して，太郎さんの身長をはかることにしましょう。いま，私がかさを地面に立てるから，その長さをはかってもらえるかしら。
太郎：いまはかったら，図１のようになったよ。
花子：今度は，私が太郎さんのかげの長さをはかることにするわ。いまはかったら，ちょうど 190 cmだったわ。
太郎：この長さを使えば，ぼくの身長がわかるということだね。

※

（１）太郎さんの身長は，何cmになるか答えましょう。答えは小数第一位を四捨五入して整数で答えましょう。

cm

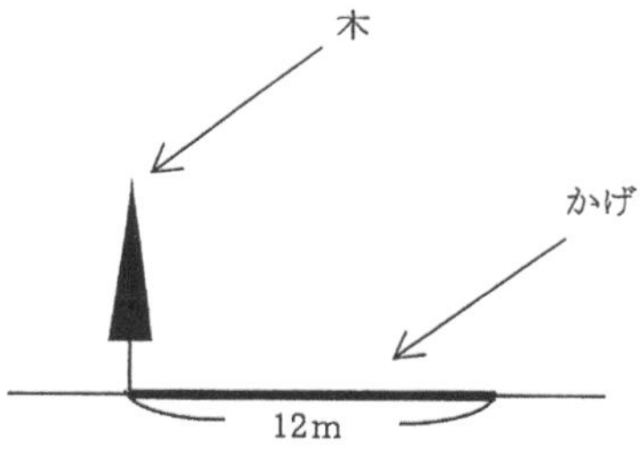

図２　かげができるようす②

太郎：かげのでき方を利用して，ほかにも何かはかれるものはないかな。
花子：そうね，公園に立っているこの木の高さはどうかしら。
太郎：いま，木のかげの長さをはかったら，ちょうど 12mだったよ。でも，30 分前にぼくといっしょに花子さんのかげの長さをはかったとき 180 cmで，そのときよりも今は花子さんのかげの長さが 60 cm長くなっているから，そのことも考えて木の高さを求めないといけないね。

※

（２）木の高さを答えましょう。

m

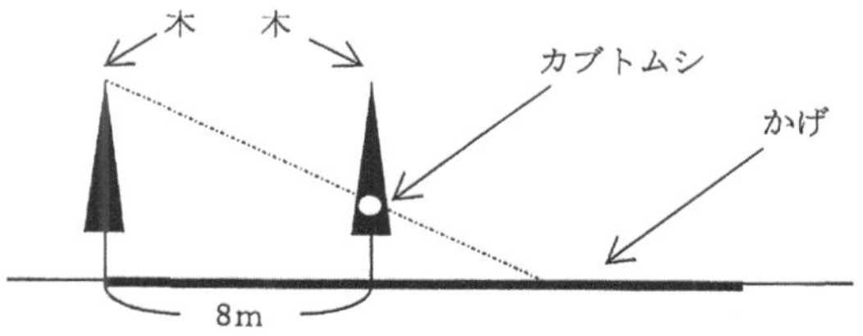

図３　かげができるようす③

※

（３）公園の別の場所に，高さ８ｍの木が８ｍの間かくで２本ならんでいます。（２）で木の高さを求めたときと同じ時刻に，２本の木のかげは図３のように一直線上に重なっており，左側の木の頂点のかげが重なっている位置にカブトムシが止まっていました。カブトムシは，地面から何ｍの高さのところに止まっているか答えましょう。また，どのように求めたか説明しましょう。

（説明）

m

受験番号	

※

課題３　太郎さんと花子さんは先生と理科室で話をしています。あとの(１)～(３)に答えましょう。

太郎：近年，大都市で気温が高くなるヒートアイランド現象が問題となっていて，東京都では，条例で，新しく建築物を建てたり，変えたりする際には，しき地の 20～35％を地上や屋上で緑化しなければならないそうです。緑化すると，どうして気温が上がりにくくなるのですか。

先生：例えば，屋上に植物を植えるには土が必要になります。土のおかげで屋根に太陽からの熱が直接伝わらないので屋根の温度が下がります。また，植物が日射をさえぎることで室内の温度が上がるのをおさえられます。そして，あたえた水の蒸発により地面の熱がうばわれることや，植物の蒸散作用によって，屋外空間の温度が上がるのをおさえる効果があると考えられています。

※

(１) 右の図１,２に，５種類の植物（ポプラ，コナラ，ケヤキ，シラカシ，スダジイ）の気温・しつ度と蒸散量の関係をグラフに示しました。これら５種類の植物の中から，気温が上がるのをおさえる効果が大きいと期待できるため，しき地に植えるとよいと考えられる植物を２種類選び，それぞれを選んだ理由も答えなさい。

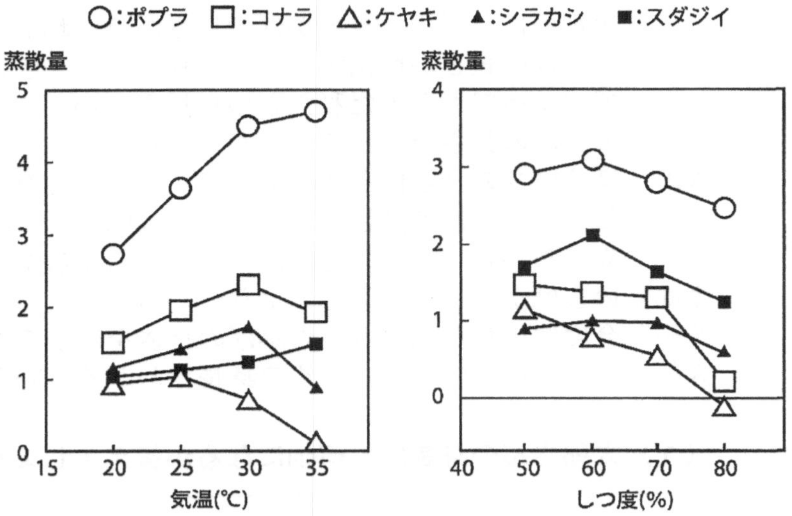

図１　気温と蒸散量の関係　　図２　しつ度と蒸散量の関係

植物	理　　　由
①	
②	

花子：先生，日本各地で数十年に一度と言われる程の著しい集中ごう雨が毎年のように発生して，しん水ひ害や土石流などの土砂災害が発生しています。私たちはどうすればよいですか。

先生：全国で地質調査などから災害が起こりやすい場所が調べられています。例えば，岡山県には，花こう岩でできた山が多く，山腹からくずれるおそれがある場所や，地下数十ｍまで風化している場所があり，土石流が起こると考えられている場所が分かっています。また，中国山地では火山灰などが積もってできた地層の上に生育した植物の落ち葉などが積もってできた黒土が積み重なっており，大雨によって表面に水が流れるようになるとけずられ易くなり，土砂災害が起こりやすいと考えられています。

※

(２) 何百億円もの大金がかからない方法で土砂災害を起こりにくくするには，どのようなことをすればよいと思いますか。あなたの考えを書きましょう。

太郎：この前，家族で月食を見ました。

先生：赤い月がきれいでしたね。今回のようにほぼ全部が欠けたのは 89 年ぶりだったそうですよ。

※

(３) 右の，月食が起こったときの太陽と月と地球の位置関係を表すための図に，太陽と月の位置を書き加えなさい。地球を㊞と表しているのにならって，太陽は㊏，月は㊊と示しなさい。ただし，㊏や㊊の大きさは気にする必要はありません。

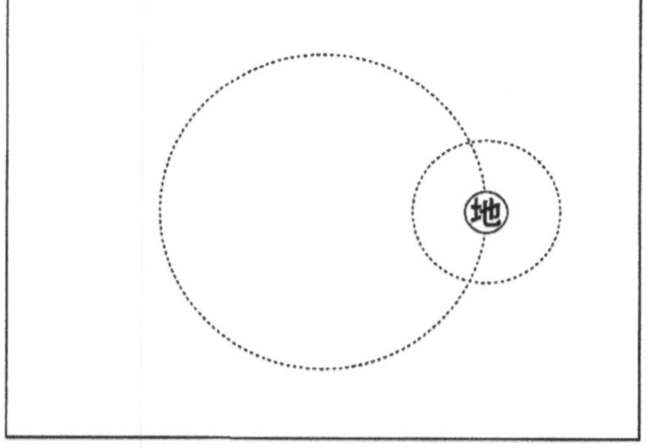

令和四年度

岡山理科大学附属中学校

適性検査Ⅱ

先生の指示があるまで、この用紙にさわってはいけません。

受験上の注意

1. コートを着たまま受験をしてもよろしい。コートをぬぐ場合は、いすの**せもたれ**にかけておきましょう。
2. 持ってきた受験票は、机にはってある番号カードの下にはさんでおきましょう。
3. 時計のアラームは切っておきましょう。計算きのついた時計は使えないので、カバンの中にしまいましょう。

   けいたい電話は、今日の試験が終わるまで電げんスイッチを切り、上着ではなくカバンの中に入れておきましょう。
4. 机の上には、えん筆（シャープペンシル）数本、けしゴムを出しておきましょう。必要な人はティッシュペーパーを置いてもかまいません。予備のえん筆や筆ばこ、シャープペンシルのかえしんなどはカバンの中に入れましょう。けい光マーカー、辞書機能および電たく、通信機能を持った機器などは使ってはいけません。下じきは原則として使用できません。必要のないものはカバンの中にしまいましょう。
5. 検査の時間割は、受験票に書いてあります。検査の始まりから終わりまで、指示を聞いてから動きましょう。
6. この検査は、文章や資料を読んで、太字で書かれた課題に対して、答えやあなたの考えなどを書く検査です。課題ごとに、それぞれ指定された場所に書きましょう。
7. 検査用紙は，表紙（この用紙）をのぞいて三ページあります。指示があるまで、下の検査用紙を見てはいけません。
8. 試験開始の指示があってから、筆記用具を手にしてよろしい。受験番号をそれぞれの検査用紙の上部にある「受験番号」という空らんに記入しましょう。検査用紙すべてに書きましょう。名前は書かないようにしましょう。
9. 検査用紙の枚数が不足していたり、やぶれていたり、印刷のわるいところがあったりしたときは、静かに手をあげて先生に知らせてください。
10. この検査の時間は四十五分です。
11. 試験中に机の中のものをさわったり、他の受験生に話しかけたりしてはいけません。机の中のものを使いたいときや質問があるとき、また気分が悪くなったり、トイレに行きたくなったりしたときには、はっきりと手をあげて、先生を呼びましょう。
12. 物を落とした場合は、はっきりと手をあげて先生を呼び、拾ってもらいましょう。落としたものを自分で拾ってはいけません。
13. 全部の問題ができても、先生の指示があるまでは、席を立ったり話をしたりしてはいけません。
14. 「終わりの指示」があったら、

   ① 筆記用具をすぐに机の上に置きましょう。

   ② 検査用紙を表紙が一番上になるように机の中央において、回収するまで静かに待ちましょう。

   ③ 表紙（この用紙）と検査用紙は、持ち帰ってはいけません。

※すべての検査が終わるまで、指示なくほかの階に行ったり建物の外へ出たりしてはいけません。

受験番号	

※70点満点
（配点非公表）

※

課題1　次の文章を読んで、あとの(1)から(4)に答えましょう。

「新たな感染者は東京都だけでじきに一万人をこえる。」新型コロナウイルス感染症《しょう》について、夏ごろにこのような予測が話題になりました。しかし、十一月某日《ぼうじつ》、東京都の新たな感染者数を調べてみると、六人でした。八月には六千人近くの新規感染者がいたことを考えると驚《おどろ》くべき数です。この大幅《おおはば》な減少の原因は現段階では明らかになっていませんが、国民の大半が対策や自粛《じしゅく》を心がけてきたことは、重要な要因の一つになっているでしょう。

他国に比べ、日本の対策は甘《あま》いという意見も多くありました。欧米《おうべい》では外出禁止など私権制限をともなうロックダウン（都市封鎖《としふうさ》）にふみ切った国が多くあります。外出には証明書が必要となり、違反者《いはんしゃ》には罰金《ばっきん》や禁固刑《きんこけい》が科せられます。どの国の対策が正解だったのかはわかりませんが、日本の対策はア日本人の国民性をふまえてのものであったのはまちがいないでしょう。

日本の社会は欧米に比べて集団主義的な傾向《けいこう》が強いというのは、海外でも知られています。協調性がある、という言い方もできますが、一方で付和雷同《ふわらいどう》とも言えます。世界各国の国民性を面白おかしく表現した有名な沈没《ちんぼつ》船ジョークを見てもこのような日本の国民性が見て取れます。ある豪華《ごうか》客船が航海中に沈《しず》みだしてしまった。乗客に急いで船から脱出《だっしゅつ》して海に飛びこむように船長は指示しなければならなかった。そこでそれぞれの外国人乗客に次のように言った。アメリカ人には「飛びこめばあなたはヒーローですよ」。イギリス人には「紳士《しんし》なら海に飛びこみますよね」。ドイツ人には「飛びこむのがこの船の規則となっています」。イタリア人には「飛びこむと女性にもてますよ」。フランス人には「決して海に飛びこまないでください」。日本人には「　イ　」。

ところで、日本人は集団主義と個人主義、どちらだとあなたは思いますか。そして、あなた自身は集団主義か個人主義どちらだと思いますか。この質問に対して、前者は集団主義、後者は個人主義を選ぶ日本人が多いのだそうです。実際、私もそうなりました。個人主義の定義は様々ですが、ここでいう個人主義とは「集団よりも自分の損得を優先に考えること」くらいに捉《とら》えられていると思います。では、それでもなぜ日本人は集団主義的だと考えられるのでしょうか。その答えは個人の「損得」の判断基準にあると思います。たとえば、無償《むしょう》で残業をするいわゆるサービス残業をすることは本人にとって損でしかありません。しかし、周りの人が残業をしていればどうでしょう。みんなが仕事をしているのに自分だけ帰ることによって、自分自身への評価が下がると考えてしまうのではないでしょうか。そうすると、みんなと一緒《いっしょ》に残業したほうが「得」になるわけです。つまり、個人主義であるがゆえに集団主義的な行動を取っているという二律背反が生じているのです。

このような日本人の特性が、他国のように強い強制力を用いずとも、感染者数をおさえこんだ理由にあげられると言えるでしょう。しかし、いずれにせよ「右へ倣《なら》え」の思想にたどり着いてしまうことも事実です。では、これからの日本人はどうあるべきなのでしょう。右に倣うのであれば、誰《だれ》かが右になればいいと思います。ファーストペンギンという言葉があります。これは、集団で行動するペンギンの群れの中から、天敵がいるかもしれない海へ、魚を求めて最初に飛びこむ勇気のあるペンギンのことです。安全であることがわかると、残されたペンギンは次々に海に飛び込みます。ウファーストペンギンがいなければ日本人はずっと飢《う》えたままです。ファーストが難しければセカンドでもかまいません。守るべきことはみんなで守る集団主義を、旧態依然《きゅうたいいぜん》の悪しき風習の改革には個人主義を、この□□□□□□型の日本人であれば、明るい未来をきっと手に入れることができると思います。

（「日本主義の正体」　船津　大祐）

(1)　本文の最終行の□□□□□□には、「混合」「複合」「組み合わせる」などの意味を持つカタカナ六字が入ります。その言葉を用いて、主語と述語が明確になるように、あなたが考えた一文を書きましょう。

受験番号

※

(2) ――部ア「日本人の国民性」とありますが、ここでいう「国民性」とはどのようなものであるか、本文全体の内容をふまえて、六十字以内でわかりやすく書きましょう。（、や。や「」なども一字に数えます。）

※

60字

(3) 空らん イ に入る一文を自分なりに考えて書きましょう。

※

(4) ――部ウ「ファーストペンギンがいなければ日本人はずっと飢えたままです」とありますが、どういうことかを六十字以内でわかりやすく書きましょう。（、や。や「」なども一字に数えます。）

※

60字

課題2　下の二つのイラストをまとめた題名を一つ、つけてください。次に、このイラストを見てあなたが考えたことを、理由や具体例などをまじえて二百字以内で書きましょう。（、や。や「」なども一字に数えます。段落分けはせずに、一マス目から書き始めましょう。）

イラスト

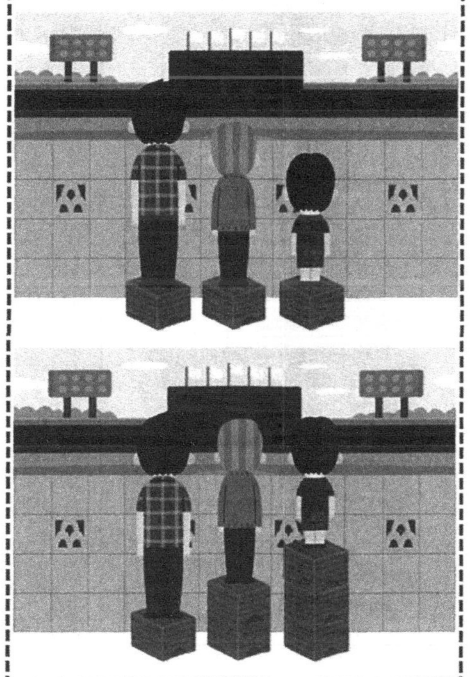

題名

※

100字

200字

受験番号	

※

課題３　先生と花子さんの次の会話文を読んで，（１）から（３）に答えましょう。

先生：今日も先週に続いて，SDGs について勉強しましょう。

花子：SDGs とは，2030 年までに達成すべき具体的な目標「持続可能な開発目標」のことですよね。

先生：そうだね。持続可能とは，何かをし続けられるということで，私たちが大切なこの地球でくらし続けられる「持続可能な世界」を実現するために，進むべき道を示したナビのようなものだね。17 の目標があるのは説明したよね。

花子：先週学んだ１番目の「貧困をなくそう」は，とても考えさせられました。私たちにできることはないか，お家に帰ってお姉さんとお話しをしました。

先生：それは，大変良いことです。みんなが意識して生活することがとても重要ですよね。それでは，今日は 11 番目の「住み続けられるまちづくりを」について、みんなで考えていきましょう。資料１は，各都道府県の人口増減率をグラフにあらわしたものです。各都道府県の左の数値が 2010 年から 2015 年までの人口増減率をあらわしていて，右の数値が 2015 年から 2020 年までの人口増減率をあらわしているよ。

花子：2015 年から 2020 年の間に人口が増えているのは，９都道府県しかないですね。また，その他の地方では 2010 年から 2015 年に比べて，2015 年～2020 年の人口減少率が高くなっているところが大部分であることが分かります。

先生：人口減少が進んでいる地方では，特に子どもや若者のしめる割合が下がっています。では，このような地方では，「住み続けられるまちづくり」を考える上で，どのような問題があると考えますか。

花子：お年寄りのしめる割合が高くなるということは，ⓐユニバーサルデザインやバリアフリーを考えたまちづくりが欠かせないと思います。しかし，税金という観点から考えると［　ア　］という問題があると思います。

先生：良いところに気が付いたね。それでは，みなさんも住み続けられるまちづくりについて、考えてみましょう。

資料１：「都道府県別人口増減率」（2010 年～2015 年・2015 年～2020 年）

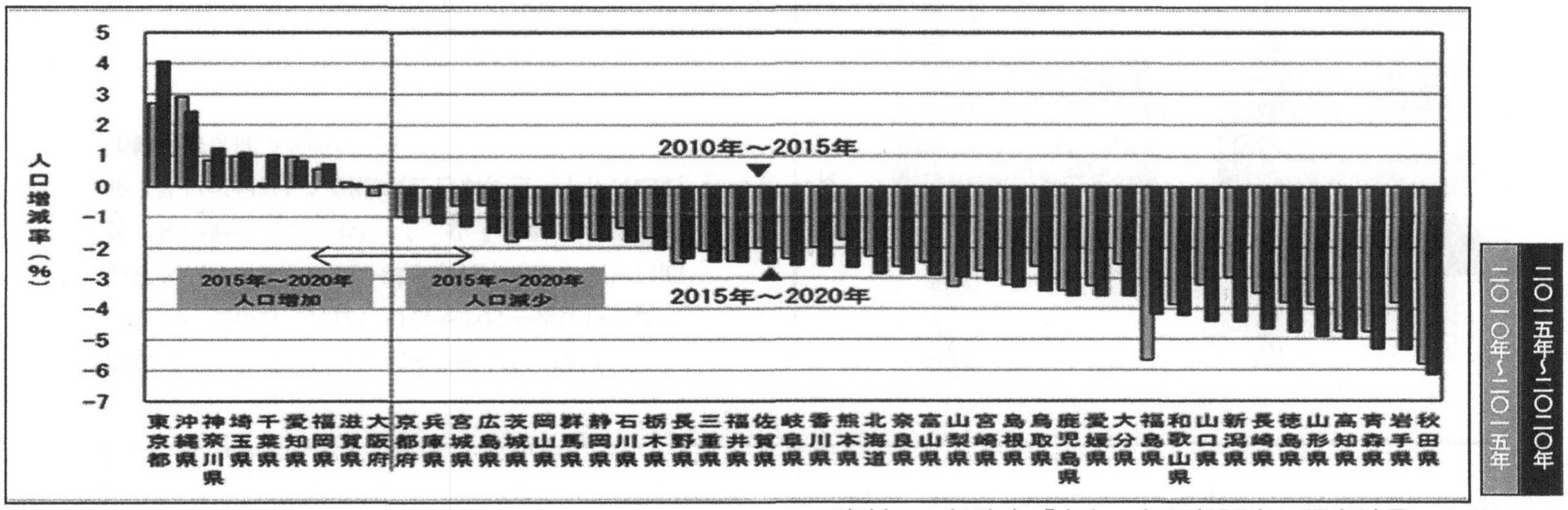

（資料１：総務省「令和２年国勢調査　調査結果」より）

（１）資料１について，2015 年から 2020 年に人口増加している都道府県の中で，2010 年から 2015 年の人口増加より，2015 年から 2020 年の人口増加の割合が増えている都道府県を読み取り，その地域の人口が増えている理由について説明しましょう。

※

（２）［　ア　］について、人口減少が進んでいる地域では，将来どのような問題が起こると考えられますか。「税金」という言葉を必ず用いて説明しましょう。

※

（３）下線部ⓐ「ユニバーサルデザインやバリアフリーを考えたまちづくり」について，あなたが考える持続可能なまちづくりを，具体的な取り組み案を挙げながら説明しましょう。

※

令和３年度
岡山理科大学附属中学校
適性検査Ⅰ

先生の指示があるまで，この用紙にさわってはいけません。

受験上の注意

1．コートを着たまま受験をしてもよろしい。コートをぬぐ場合は，いすの**せもたれ**にかけておきましょう。
2．持ってきた受験票は，机にはってある番号カードの下にはさんでおきましょう。
3．時計のアラームは切っておきましょう。計算きのついた時計は使えないので，カバンの中にしまいましょう。けいたい電話は，今日の試験が終わるまで電げんスイッチを切り，上着ではなくカバンの中に入れておきましょう。
4．机の上には，えん筆（シャープペンシル）数本，けしゴム，コンパス，直じょうぎを出しておきましょう。必要な人はティッシュペーパーを置いてもかまいません。予備のえん筆や筆ばこ，シャープペンシルのかえしんなどはカバンの中に入れましょう。三角じょうぎ，分度き，けい光マーカー，辞書機能および電たく，たん末機能を持った機器などは使ってはいけません。下じきは原則として使用できません。必要のないものはカバンの中にしまいましょう。
5．検査の時間割は，受験票に書いてあります。検査の始まりから終わりまで，指示を聞いてから動きましょう。
6．この検査は，文章や資料を読んで，太字で書かれた課題に対して，答えやあなたの考えなどを書く検査です。課題ごとに，それぞれ指定された場所に書きましょう。
7．検査用紙は，表紙（この用紙）をのぞいて３ページあります。指示があるまで，下の検査用紙を見てはいけません。
8．試験開始の指示があってから，筆記用具を手にしてよろしい。受験番号をそれぞれの検査用紙の上部にある受験番号という空らんに記入しましょう。検査用紙すべてに書きましょう。名前は書かないようにしましょう。
9．検査用紙の枚数が不足していたり，やぶれていたり，印刷のわるいところがあったりしたときは，静かに手をあげて先生に知らせてください。
10．検査用紙の［※　　　　］には、何も書いてはいけません。
11．この検査の時間は45分です。
12．試験中に机の中のものをさわったり，他の受験生に話しかけたりしてはいけません。机の中のものを使いたいときや質問があるとき，また気分が悪くなったり，トイレに行きたくなったりしたときには，はっきりと手をあげて，先生を呼びましょう。
13．物を落とした場合は，はっきりと手をあげて先生を呼び，拾ってもらいましょう。落としたものを自分で拾ってはいけません。
14．全部の問題ができても，先生の指示があるまでは，席を立ったり話をしたりしてはいけません。
15．「終わりの指示」があったら，
　① 筆記用具をすぐに机の上に置きましょう。
　② 検査用紙を表紙が一番上になるように机の中央において，回収するまで静かに待ちましょう。
　③ 表紙（この用紙）と検査用紙は，持ち帰ってはいけません。

※すべての検査が終わるまで，指示なくほかの階に行ったり建物の外へ出たりしてはいけません。

受検番号	

※70点満点
(配点非公表)

※

課題１　６年生の太郎《たろう》さんと花子さんは，小学校の日帰り旅行で学年全体で水族館に行くことになりました。２人は，水族館にどのような方法で行くかについて話をしているところです。

太郎：小学校から水族館までの道のりは，バスで行くとちょうど100㎞だね。行き方は，図１を見てね。小学校を出てから高速道路の入り口までの間は１時間あたり40㎞の速さ，高速道路では１時間あたり80㎞の速さ，高速道路の出口から水族館までの間は道が混んでるから，１時間あたり20㎞の速さで進むよ。電車で行く場合はどうなるかな。

花子：電車を利用して水族館に行く場合の行き方は，図２を見てね。　Ａ駅からＢ駅まで進む電車が１時間あたり60㎞の速さ，Ｂ駅でちがう電車に乗りかえてＢ駅からＣ駅まで進む電車が１時間あたり90㎞の速さで進むよ。そしてＣ駅の目の前に，水族館があるわ。

太郎：電車の出発時刻は，どうなっているかな。

花子：Ａ駅からＢ駅まで進む電車は，８時10分が始発の電車で，以降10分おきに出発するからね。Ｂ駅からＣ駅まで進む電車は８時36分が始発の電車で，以降12分おきに出発するわ。小学校からＡ駅までの間は歩いて行くから，歩く速さによって着く時間がどちらが早いか変わってくるわね。

太郎：当日は，８時30分に出発する予定だから，できるだけ早く着く方法で行こうよ。

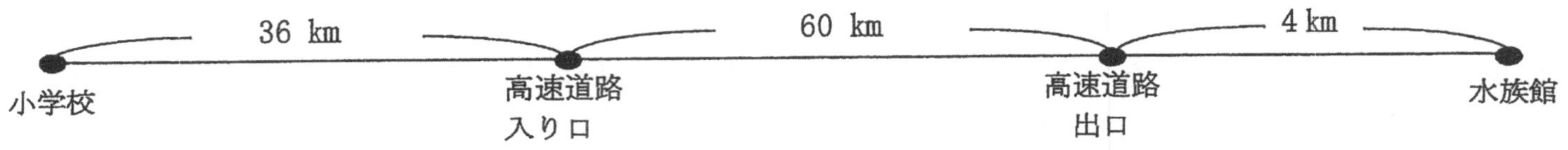

図１　バスを利用して水族館に行く場合の行き方

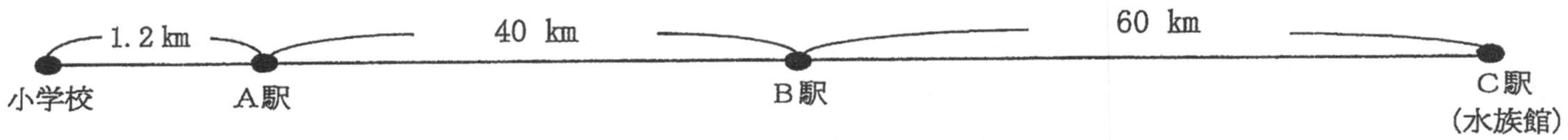

図２　電車を利用して水族館に行く場合の行き方

※

(１) バスで水族館に向かう場合，高速道路を走るのにかかる時間と，高速道路を出てから水族館までかかる時間はそれぞれ何分か答えましょう。

高速道路・・・　　　　分	高速道路を降りてから水族館まで・・・　　　　分

※

(２) ８時30分に小学校を出発して，バスで水族館に向かう場合，何時何分に水族館に着くか答えましょう。

時　　　分

※

(３) 小学校を出発して，電車を利用して水族館に向かう場合，小学校からＡ駅まで１時間あたり何㎞より速く歩いたら，バスで水族館に向かう場合よりも早く水族館に着くか答えましょう。また，どのようにして求めたかも説明しましょう。ただし，すべての駅で電車に乗るのにかかる時間は２分間，電車を降りるのにかかる時間は３分間とします。

説明

１時間あたり　　　　㎞より速く歩く

受検番号	

※

課題２　太郎さんと花子さんは，正方形と円を交互に重ねて模様を作るようすについて話をしているところです。 ただし，円周率は，3.14 として考えます。

太郎：まず最初に，正方形を置いて，円をその上に重ねよう。
花子：正方形は，１辺の長さが 16 cmで，白色をしているわね。その後，円をどのように重ねるの？
太郎：正方形の上に，図１のように，円の周りの部分が，正方形の４つの辺とそれぞれ１か所ずつで接するように円を重ねるんだ。このとき重ねる円の半径は，８cmになるよ。
花子：円の色は，黒い色をしているわね。この後はどうするのかしら。
太郎：図２のように，正方形を４つの頂点が，最初に置いた正方形の４つの辺とそれぞれ１か所ずつで接するように重ねるんだ。
花子：このとき重ねた正方形の面積は，［　ア　］cm^2 になるわ。さらに，円，正方形の順に重ねると，図３のようになるわ。このとき，３回目に置いた正方形の１辺の長さは，［　イ　］cm になるわね。

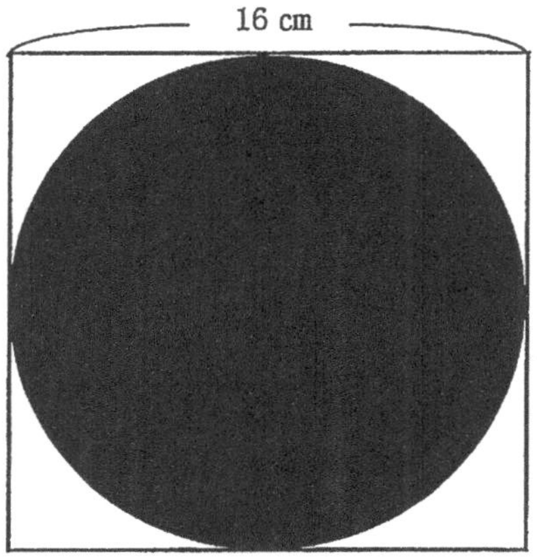

図１　正方形の上に，１回目の円を置いたとき

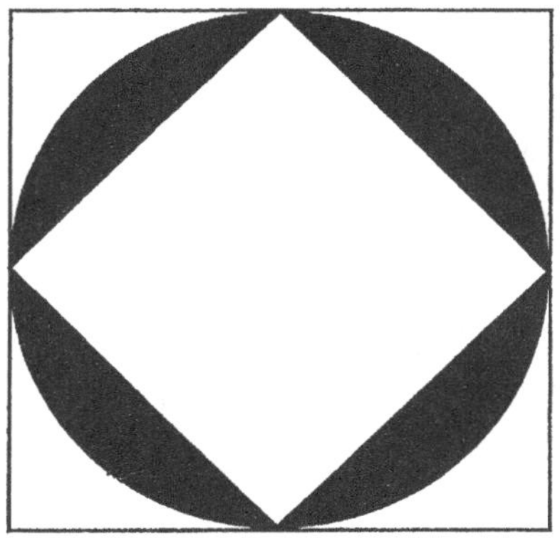

図２　円の上に，２回目の正方形を置いたとき

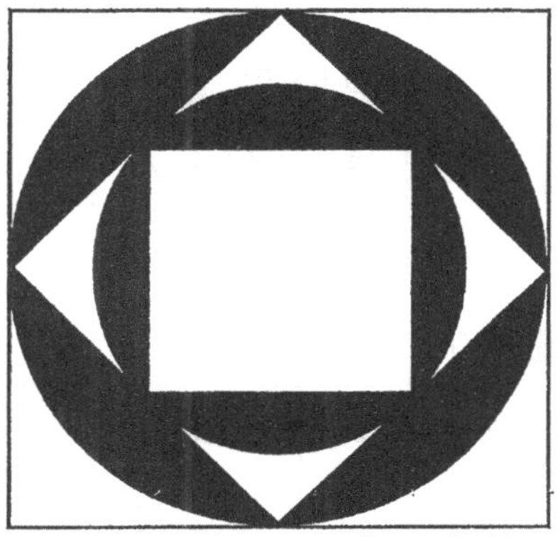

図３　３回目の正方形を置いたとき

※

（１）会話文の中の，アとイの空らんにはいる最も適切な数字を答えましょう。

ア	イ

※

（２）図２の図形について，白い部分の面積を答えましょう。

cm^2

※

（３）図３の図形について，黒い部分の面積を答えましょう。また，どのようにして求めたかも説明しましょう。

説明

cm^2

受験番号	

※

課題３　太郎さんと花子さんは先生と理科室で話をしています。あとの(１)～(３)に答えましょう。

太郎：先生。理科室で豆電球のついた面白い箱を見つけました。中はどうなっているのですか。
先生：では，いっしょに調べてみましょう。

※

(１) 図１のような，中身の見えない箱に，Ａ～Ｆの６つのたんしがついています。ＡとＤの間には豆電球ア，ＢとＥの間には豆電球イ，ＣとＦの間には豆電球ウがつながっています。箱の中ではＡとＢ,ＢとＣ,ＤとＥ,ＥとＦの４か所のうちの２か所と，ＡとＥ,ＢとＤ,ＢとＦ,ＣとＥの４か所のうちの１か所が導線でつながっています。太郎さんは，どの場所が導線でつながっているか調べるため，Ａ～Ｆの２か所に図１のかん電池をつなぎ，豆電球ア～ウの明かりがつくか実験を行い，結果を表にまとめました。解答らんの図の，箱の中で導線がつながっている場所に線を引きましょう。

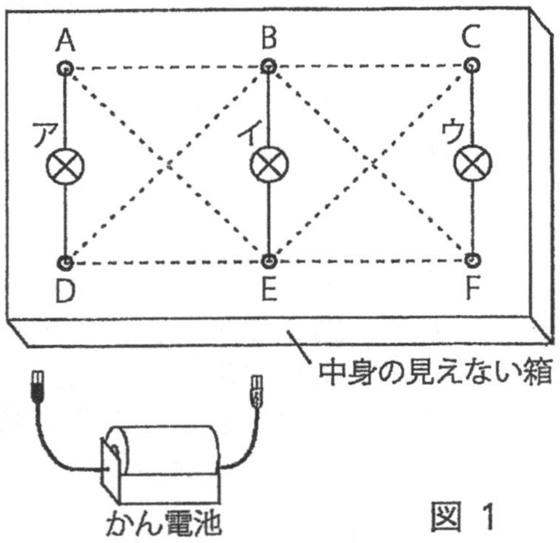

図１

《結果》○：ついた，△：暗くついた，×：つかなかった

つないだたんし	AとC	AとD	AとE	BとC	BとD	BとE	CとD	CとE	DとF	EとF
豆電球ア	×	○	○	×	○	○	△	△	○	○
豆電球イ	×	○	○	×	○	○	△	△	○	○
豆電球ウ	○	×	×	○	×	×	△	△	×	×

〔解答らん〕

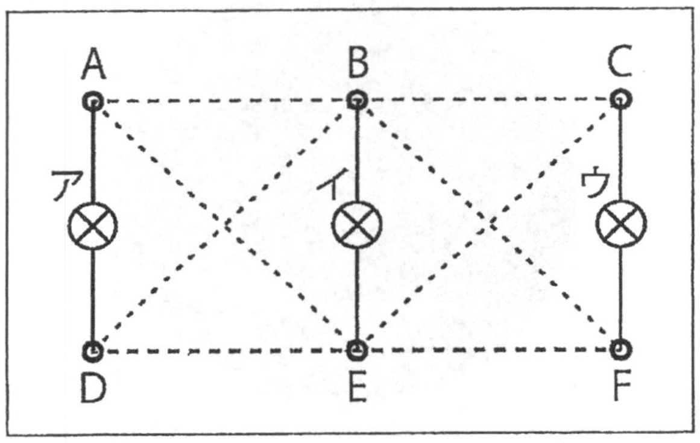

花子：日本列島は，2000 万年前まではユーラシア大陸の一部だったと聞きました。
先生：ユーラシア大陸のへりが大陸からはなれ，さけ目が日本海になりました。1500 万年前には日本海の拡大が終わり，300 万年前には今の日本の形になりました。1500 万年前以降の化石は，現在の岡山県の位置で生息していた生物の化石だと考えられます。

※

(２) 岡山県北部の津山盆地《つやまぼんち》では，図２のような地層が見られます。図２の地層では上下が入れかわっていないとして，地層ができた場所の環境《かんきょう》の変化について，地層から読み取れることを２つ，説明しなさい。

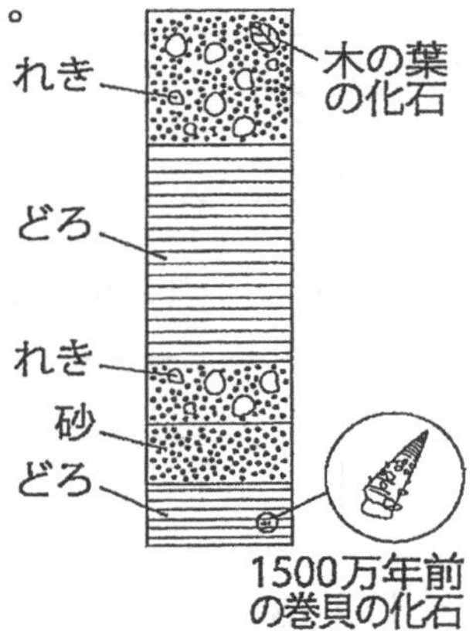

図２　津山盆地のある地点の地層

①：

②：

太郎：近年，アブラゼミが減り，クマゼミが増えているそうですね。
先生：アブラゼミは都市化が進むと生息しにくくなる，と聞きますね。

※

(３) セミと同じなかまに分類される生き物を，からだのつくりと育ち方に注目して下のア～クから２つ選び，記号で答えなさい。また，セミとそれら２つに共通する特徴《とくちょう》はどんなところか，からだのつくりと育ち方の順序の両方に注目して説明しなさい。

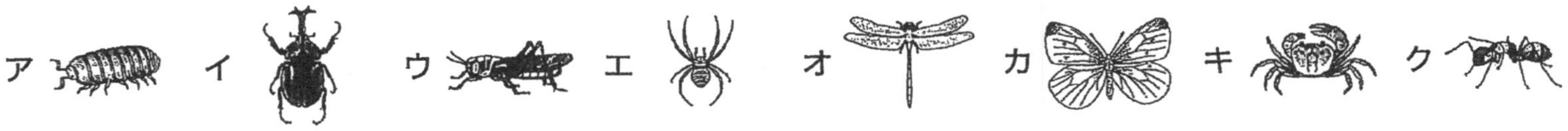

記号		共通する特徴

令和三年度　岡山理科大学附属中学校

適性検査Ⅱ

先生の指示があるまで，この用紙にさわってはいけません。

受験上の注意

1. コートを着たまま受験をしてもよろしい。コートをぬぐ場合は、いすのせもたれにかけておきましょう。
2. 持ってきた受験票は、机にはってある番号カードの下にはさんでおきましょう。
3. 時計のアラームは切っておきましょう。計算きのついた時計は使えないので、カバンの中にしまいましょう。けいたい電話は、今日の試験が終わるまで電げんスイッチを切り、上着ではなくカバンの中に入れておきましょう。
4. 机の上には、えん筆（シャープペンシル）数本、けしゴムを出しておきましょう。必要な人はティッシュペーパーを置いてもかまいません。予備のえん筆や筆ばこ、シャープペンシルのかえしんなどはカバンの中に入れましょう。けい光マーカー、辞書機能および電たく、たん末機能を持った機器などは使ってはいけません。下じきは原則として使用できません。必要のないものはカバンの中にしまいましょう。
5. 検査の時間割は、受験票に書いてあります。検査の始まりから終わりまで、指示を聞いてから動きましょう。
6. この検査は、文章や資料を読んで、太字で書かれた課題に対して、答えやあなたの考えなどを書く検査です。課題ごとに、それぞれ指定された場所に書きましょう。
7. 検査用紙は，表紙（この用紙）をのぞいて三ページあります。指示があるまで、下の検査用紙を見てはいけません。
8. 試験開始の指示があってから、筆記用具を手にしてよろしい。受験番号をそれぞれの検査用紙の上部にある受験番号という空らんに記入しましょう。検査用紙すべてに書きましょう。名前は書かないようにしましょう。
9. 検査用紙の枚数が不足していたり、やぶれていたり、印刷のわるいところがあったりしたときは、静かに手をあげて先生に知らせてください。
10. 検査用紙の［※　　］には、何も書いてはいけません。
11. この検査の時間は四十五分です。
12. 試験中に机の中のものをさわったり、他の受験生に話しかけたりしてはいけません。机の中のものを使いたいときや質問があるとき、また気分が悪くなったり、トイレに行きたくなったりしたときには、はっきりと手をあげて、先生を呼びましょう。
13. 物を落とした場合は、はっきりと手をあげて先生を呼び、拾ってもらいましょう。落としたものを自分で拾ってはいけません。
14. 全部の問題ができても、先生の指示があるまでは、席を立ったり話をしたりしてはいけません。
15. 「終わりの指示」があったら、
　① 筆記用具をすぐに机の上に置きましょう。
　② 検査用紙を表紙が一番上になるように机の中央において、回収するまで静かに待ちましょう。
　③ 表紙（この用紙）と検査用紙は、持ち帰ってはいけません。

※すべての検査が終わるまで、指示なくほかの階に行ったり建物の外へ出たりしてはいけません。

受験番号	

※70点満点
（配点非公表）

※

四字熟語	文

課題１　次の文章を読んで、あとの(1)から(4)に答えましょう。

少し前に「引き寄せの法則」というのが流行したことがあります。何かを願えばその願いがかなうというものです。何かを願うことは、その何かを意識することであり、意識し始めると必要な情報にも気が付けます。たとえば美容師になりたいと願い始めると、「美容師」の周辺情報が気になってきます。通りすがりの人や写真モデルの髪型《かみがた》が気になってくる。美容師になるための専門学校が目にとまる。美容院の*1レビューから、美容師に求められる能力を知る。これらの情報は政治家を目指す人にとってはほぼ無価値な情報であり、意識されることはないでしょう。このように、何かを強く願った瞬間《しゅんかん》から、その実現に向けて必要な情報に意識が向き始めるので、達成する可能性が上がるのだと思います。

そして、スマートフォンの使用によって「引き寄せの法則」はより強力になったように感じます。現在多くの人がスマートフォンを使っています。その利用目的の上位に入るのが「検索《けんさく》」です。今の時代、興味のあることや知りたいことをスマートフォンで検索すれば、ほとんどのことが解決します。また、「ニュース」もよく利用されているようです。昔は通勤中に電車の中で新聞を読む人の姿が見られましたが、今はほとんどの人がスマートフォンを見ています。新聞のように大きく広げず、手元だけで毎日のニュースを見ることのできるコンパクトさもメリットなのでしょう。

この「ニュース」ですが、実は表示される内容が人によって異なります。私の「ニュース」に出てくるものは、「教育問題」「おすすめのカメラ」「プレゼンの仕方」「ア新型コロナ」「中古バイク情報」などの記事でした。しかし、別の人のものでは「料理の献立《こんだて》」「新型コロナ」「朝ドラ」「動物関連」「おすすめの貯蓄《ちょちく》方法」などの記事でした。なぜこのようなちがいが生じているかというと、検索した内容や閲覧《えつらん》したページなどをＡＩ（人工知能）が記憶《きおく》し、その人が知りたいであろう記事を選択《せんたく》して表示しているのです。つまり、今の自分や将来の自分に必要な情報が自動で収集され、どの場所にいても受け取ることができるというわけです。

これによって、ある領域の情報や知識がどんどん増えていき、なりたい自分に近づくことができるため、このような仕組みは「デジタル版引き寄せの法則」と言えるかもしれません。しかし、先ほど紹介《しょうかい》した記事の一つである「おすすめの貯蓄方法」について読んでみると、なるほどこれは私も使いたい、もっと早く知っておけばよかったと思うような内容でした。貯蓄について興味がないわけではないですが、色々と調べた経験がなかったために、私のスマートフォンには表示されていなかったのです。ということは、何かを引き寄せるということは、その一方で何かを引き寄せないということになり、「引き寄せの法則」は「引き寄せないの法則」と表裏一体なのではないかとイ少しこわくなりました。

情報は世界中に無数にあります。かつては新聞やテレビなどのメディアがそれらをできるだけまんべんなく選んで発信していました。しかし、スマートフォンを通じて個々に情報へアクセスすることが主流となった現代では、ＡＩがあなた好みの情報を限定的に選んでしまいます。その結果、ある領域についての知識は深まる一方で、「あなたの世界」はせまくなってしまうのです。

「子どもの可能性は無限だ」とよく言われます。確かにそうでしょう。しかし、それは無限の選択肢《せんたくし》の存在を知っていることが前提となります。小学生であるみなさんの経験と知識によって構成された「あなたの世界」はまだほんのわずかです。「あなたの世界」の外にこそ無限の世界が存在するのです。その外の世界に目を向けてください。そしてたくさんの選択肢を手に入れてください。無数の選択肢から好きなものを選ぶことができる、それこそが自由ということなのです。あなたの世界をまずは広げて、それから引き寄せるものを決めてほしいと思います。

（「引き寄せの法則」船津　大祐）

＊1　レビュー・・・消費者によるお店や商品などの評価

(1)　＝＝「表裏一体」とありますが、「表」と「裏」のように対義語となる漢字を含む四字熟語を一つ考え、それを使って文を作りましょう。ただし「表裏一体」を使ってはいけません。

受験番号	

(2) ――ア「新型コロナ」とありますが、新型コロナウイルス感染症拡大にともなって生じている社会的な問題点を一つ取り上げ、その問題に対する社会的な対策を考えて書きましょう。

※

問題点	
対策	

(3) ――イ「少しこわくなりました」とありますが、筆者はなぜこわいと思ったのですか。解答らんの外のことばに合うように四十字以内で書きましょう。（、や。や「」なども一字に数えます。）

※

40字

から。

(4) 「引き寄せの法則」を最大限有効に活用するにはどうすることがよいと筆者は考えていますか。本文の内容にそくして、六十字以内で書きましょう。（、や。や「」なども一字に数えます。）

※

60字

課題２　あなたの学校で宿題の出し方に関するアンケートが行われました。選択肢はＡからＣの三つあります。「Ａ．全員平等に同じ量や内容を出す」「Ｂ．各自の成績を考えて人によって量や内容を変えて出す」「Ｃ．その他」です。この中から一つを選んで左のわくに書きましょう。また、あなたがその選択肢を選んだわけと、想定される反論を一つ考えて、それに対する意見もあわせて二百字以内で書きましょう。（、や。や「」なども一字に数えます。段落分けはせず、一マス目から書き始めましょう。）

（選んだ選択肢）

※

100字

200字

受験番号	

※

課題３　次の先生と花子さんの会話文を読んで，（１）から（４）に答えましょう。

先生：最近，外国人観光客の人たちが増えたよね。
花子：2019年には，3,000万人を超《こ》えたというニュースを見ました。
先生：また，コンビニなどのお店で働く外国人の人たちも増えたよね。
花子：そうですね。私の近所のスーパーでも働いている人がいますよ。
先生：言葉も文化も違《ちが》う環境《かんきょう》で働くことは，大変なことだと思いませんか。
花子：私が外国で働くとしたら…，自信がないかも。
先生：また，公用語を英語にしている企業《きぎょう》も国内で増えているよ。
花子：国内の企業でも英語が使われているんですね。それなら，言葉の問題は心配ないですね。
先生：そうだね。
花子：将来，私たちが働く頃《ころ》には，働く環境がもっと変わっていますね。
先生：そこで，みんなで日本国内における外国人労働者のことについて考えてみよう。

資料１　日本国内における就業者数の推移

年	万人
2008	6,385
2009	6,314
2010	6,298
2011	6,293
2012	6,280
2013	6,326
2014	6,371
2015	6,401
2016	6,465
2017	6,530
2018	6,664
2019	6,724

資料２　日本国内における外国人労働者数の推移

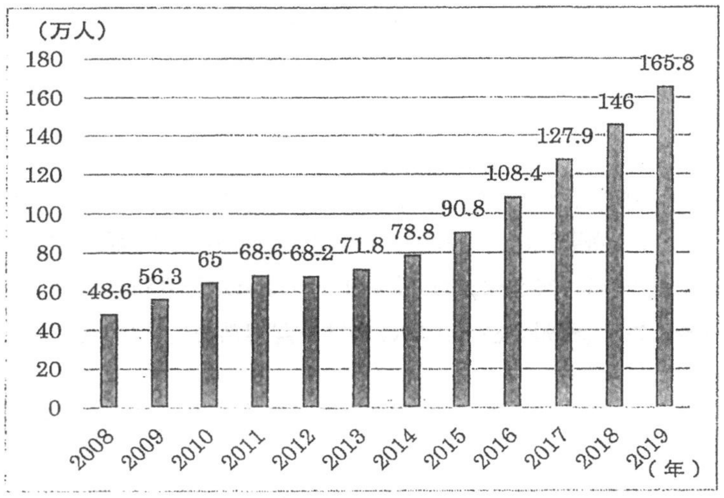

（資料１：総務省統計局「労働力調査」より作成）
（資料２：厚生労働省「外国人雇用状況の届出状況」より作成）

（１）資料１の就業者数について，2012 年の就業者数が最も少なかったが，これは前年に起こったあるできごとが影響《えいきょう》しています。何が影響しているのか書きましょう。

※

（２）資料１について，2020・2021 年の就業者数はどのように変化するのか予測し，理由もあわせて書きましょう。

※

（３）資料２について，2013 年以降急激に外国人労働者が増加しているが，なぜ増えたのか解答らんの書き出しにあわせて説明しましょう。

※

外国人観光客が増加したことにより，

（４）10 年後の日本国内の働く環境について，資料１・２を参考に日本の人口問題と関連づけて，どのような分野・仕事で外国人労働者を受け入れたら良いのか，理由とあわせて書きましょう。

※